OHSAMA
BUNKO

伝説のクイズ王も驚いた
予想を超えてくる雑学の本

西沢泰生

三笠書房

はじめに……世界が広がる「おもしろ知識」がありったけ詰まった本

突然ですが、あなたは哲学者、ソクラテスの奥さんの名前をご存じでしょうか？

「そんなの知っているはずないでしょ！」

そう思ったあなた。あなたはごく普通です。ちっとも悪くありません。

「ソクラテスの奥さん？　ああ、クサンティッペね」

そう答えたあなた。あなたは、本を読むのが大好きか、そうでなければクイズを趣味にしている方ではありませんか？

実は、このソクラテスの奥さんの名前。普通の人はほとんど知らないにもかかわらず、クイズ好きなら「知らない人はいない」という知識の代表格なのです。

ちなみに、このクサンティッペさん、気性が激しくて「悪妻」の代名詞。**悪妻を称して「ソクラテスの妻」**という表現もされるくらいです。

さて。私は40年以上にわたって、クイズを趣味にしてきました。

自ら「クイズ王」と名乗るのは少し、いやかなり気恥ずかしいのですが、これまで『アタック25』『クイズタイムショック』といった日本のクイズ史を彩る番組で優勝したり、大人気だった『アメリカ横断ウルトラクイズ』では、ニューヨークの自由の女神の下での決勝戦を経験したりもしましたので、どうかお許しを……。

私がクイズ番組で勝つことができたのも、クイズに強くなりたい一心で、「ソクラテスの妻」のようなトリビア的な知識を、これでもかと勉強したおかげです。

こうした雑学は、知っていれば絶対に役立つというわけではありません。

しかし、1つ知るだけで、面白い。楽しい。ワクワクする。

おまけに、人と話すときに使える！　世界が広がる！

私は、そんな小さな雑学の積み重ねこそが、人生を楽しく豊かなものにしてくれるのだと信じています。

この本には、私がこれまでに集めた古今東西の「雑学」の中から、面白くて刺激的な、とびっきりのネタを厳選しました。この本が、たくさんの「なるほど！」「そうなんだ！」「すごい！」という感動を、あなたに届けてくれることを願っています。

西沢泰生

もくじ

1章　星がまたたくのは、なぜ?
そういわれると不思議だなあ……「身近なこと」の雑学

2章

「ブラックリスト」に最初に載った人は？

〝なるほど！〟が止まらない、「ルーツ」の雑学

3章 ピカソはなぜ、「ツルッパゲ」にしていたのか？

思わず笑ってしまう、「ユニークな人物」雑学

4章 知れば倍、おいしくなる「食べ物」の雑学

5章 もはや笑うしかない！「ざんねんな話」の雑学

6章

黒船の船員たちが「夢中で食べたもの」とは？
新発見ゾクゾク！ 世界・日本の「歴史」雑学

7章 偉人になるにはワケがある！「感動エピソード」の雑学

8章

役には立たないが面白い！「愛すべきムダ知識」雑学

住民のほとんどが「同じ名字」の島がある？

9章

ドラえもんの「身長」にこめられた秘密って？
知ってる〝あの作品〟の知らない「エンタメ」雑学

10章

「赤の他人」は、なぜ青でも黄でもなくて、赤？ 意味がわかると気持ちいい！「言葉」の雑学

本文イラスト◎風間勇人

1章

星がまたたくのは、なぜ?

そういわれると不思議だなあ……「身近なこと」の雑学

？ 1時間は、どうして「60分」なのか？

1分は60秒、1時間は60分ですよね。

えっ？「何を今さら」ですって？

では、1時間はどうして60分なのでしょうか？ 100分で1時間でも良さそうなものです。

でも、ちょっと考えてみてください。1時間がもし100分だとしたら、この時間で3人の人が均等に講演をする場合……1人の持ち時間は、約33分33秒です。

6人で講演する場合の1人の持ち時間は……もう、計算するのも面倒！

これが、1時間が60分なら、話は簡単ですよね。

60という数字は2、3、5、6、10、12、15、30と、いろいろな数字で割り切ることができて、ものを分配するときにとても便利な数字なのです。

そのため、古代メソポタミアの人たちは60を神聖な数字と考え、時間の基準として60進法を用いたのだとか。

そのメソポタミア文明の名残が、現在も時間の基準として用いられているというわけなのです。

ちなみに、一般的に「10進法」が用いられている理由は、「人間の指が10本だったから」というのが定説。人間は昔から、ものを数えるときに指を折って数えていたのですね。

日本のお金の単位は、なぜ「円」なの？

時代劇や古典落語に登場するお金の単位といえば、「千両箱」でお馴染《なじ》みの「両《りょう》」ですよね。

そして、「両」の下の単位は「分《ぶ》」や「文《もん》」でした。

その通貨単位が現在の「円」へと変わったのは、1871（明治4）年に、ときの明治新政府が「新貨条例」を公布し、「円」「銭《せん》」「厘《りん》」という新しい単位を決定してからのこと。

それまでの「1両」を「1円」とし、当時は1両が1ドルと交換できましたから、アメリカドルと円の相場は、1ドル＝1円からのスタートだったということになります。

この「円」という呼び名は、それまでの**小判型や長方形などの形がすべて「円形」に統一されたことから付けられた**というのが定説。面白い説としては、あの大隈重信が、会議で**「親指と人差し指で円を作ればお金のことだ。だから、単位は『円』でよかろう」**と発言して、それがすんなり通ったという説もあります。

ちなみに、「銭《せん》」という単位は、アメリカの「セント」と発音が似ているからという理由で決まったそうで……。なんだか、明治政府、結構、やっつけでいろいろなことを決めていたような気が……(笑)。

★星がまたたくのは、なぜ？

都会では夜空を見上げても、数えるほどしか星は見えません。

でも、田舎に行って、澄んだ空気のもと、周りに町灯《あか》りがない状態で夜空を見ると、「うそっ！」というくらいに星があるものです。

さて、あなたは、きれいな星空を見ているときに、星がまたたいているのを見たことがありませんか？

あのまたたきは、いったいどうして起こるのでしょう。

簡単にいえば、**星がまたたいているのではなく、私たちと星の間にある空気が動いているだけ**なのです。

カンカン照りの日に遠くの景色がゆらいで見えることがありますよね。原理はあれと一緒。空気が温められることによって動くと、光の進み方が乱れて、向こうの景色がユラユラとゆれるというわけです。

星を見上げているとき、上空の空気が乱れていると、星からの光がゆらいで、またたいているように見えるのです。

ちなみに、光の速さは秒速約30万キロ。月までの距離は約40万キロなので、月の光はほぼリアルタイムで見られることになります。しかし、これが1万光年先の星の光となると、私たちは1万年前のその星の輝きを今見ていることになります。気が遠くなるような話ですね。

好きなことをしているときは、なぜ疲れない？

「仕事や勉強は数時間で飽きるけど、好きなことなら徹夜もへっちゃら」って、よく聞く話です。でも、どうして「好きなこと」は何時間続けても疲れないのでしょう？

そもそも、同じ作業を続けていて「飽きる」のは、脳が「そろそろ疲れた」とサインを出している状態なのです。ですから、飽きてきたら、気分転換するとか、別の作業に切り替えるのは、的確な対応なのですね。

また、あくびが出たり、眠くなったりするのも、脳からの「休みたい」というサイン。そして、いよいよミスが増えてきたり、ものが考えられなくなったりするのは、なんと、脳の一部が酷使され、活性酸素が発生して、神経が炎症を起こしている状態なのだとか（怖！）。

さて、ここからが本題。普通、同じことを続けていると疲れてしまう脳ですが、好きなことや、やりがいを持って何かに集中しているときは、「達成感」や「喜び」によって、**脳の疲労感がかき消されている「マスキング」という状態になる**のだそうです。芸術家が何時間もぶっ続けで創作を続けられたり、小説家が集中して一気に作品を書き上げられたりするのは、このマスキング状態になっているからです。

とはいえ、疲労感を感じなくなっているだけで、実際には脳は疲労していますので、いくら好きなことでも、ほどほどにするのが肝心です。

人間だけが「言葉」を話せる理由

人間が言葉を話すことができるのは、「言語を理解する優秀な頭脳を持っている」という他に、もう1つ、動物学的な理由があります。

それは、口呼吸。

実は、人間は口呼吸ができる唯一の哺《ほ》乳《にゅう》類なのです。**口呼吸ができるから、口から出す息の量の調節が可能なので、しゃべることができる**というわけです。

人間以外の哺乳類は、鼻から吸い込んだ空気が通る道と、口から入れた食べ物が胃に入る道が、ほぼ分かれています。そのため、口から息を吐くことはできますが、口から空気を吸うことはできません。

犬がよく舌を出してハァハァしているのは、鼻から吸った空気を口から出して体温調節をしているだけで、肺に空気を送り込んでいるわけではないのです。

人間が口呼吸をできるのは、直立歩行をするために、食べたものの通る道が直角に曲がり、鼻からの気道と結合しているからです。そのおかげで、息の調節ができて、しゃべることができますが、ときどき食べたものが気道に入ってしまい、思いっきりむせるのも口と鼻の道がつながっているからなのですね。

！ チームのナンバー1投手をなぜ「エース」と呼ぶ？

野球チームで、一番の勝ち頭《がしら》になる大黒柱のピッチャーのことを「エース」と呼びますよね。

他にも、テニスや卓球で相手が返球できないサーブや、ゴルフのホールインワンのこともエースと呼びますし、戦争中は戦闘機乗りの撃墜王のこともエースと呼びました。共通するのは「第一人者」とか「カッコイイ」というイメージです。

この言葉のもともとの語源は、ご想像の通り野球のピッチャーから来ています。

ズバリいえば、**世界初のプロ野球チームといわれるアメリカのチーム、シンシナティ・レッドストッキングスの設立当時のピッチャーの愛称**がその由来です。

世界初のエース投手の名は、アーリー（アサヘル）・ブレイナード。彼のニックネームが「エイサ（Asa）」だったことから、それが訛《なま》って、チームの主力投手のことを「エース（Ace）」と呼ぶようになったのです。

このブレイナード投手。主力投手どころか、何しろチームができたときのピッチャーは彼1人。初年度の1869年には、アメリカ国内を遠征して戦った全57試合のすべてに登板《とうばん》し、56勝1引き分けという成績を残したのです（成績には諸説あり）。

そんな大活躍から、のちに誕生した他のチームでも、活躍したピッチャーに対して**「まるでエイサのようだ」**というようになり、とうとう、チームで一番のピッチャーを「エース」と呼ぶようになったのです。

蚊に刺されても、「かゆくならない」人がいる!?

夜、眠っているときに、プ〜ンと蚊《か》の飛ぶ音が聞こえると、もう眠ってなんかいられませんよね。私は夜中に電気をつけて30分くらい格闘したことがあります。刺されたあとのあのかゆみ。思い出すだけでムズムズしてきますね。

ところが、世の中には、蚊に刺されてもかゆみを感じない人がいるのだそうです。別に、特異体質を持つ人ではありません。

実は、**赤ちゃんとお年寄りは、蚊に刺されてもかゆみを感じない**のだとか。

蚊に刺されてかゆみを感じるのは、実は一種のアレルギー反応。

赤ちゃんは、最初は、蚊に対してアレルギーがないので、刺されてもかゆみを感じません。しかし、何度か刺されるうちにかゆくなってくるのです。

そして、お年寄りのほうは、今度はずっと刺され続けたことで、アレルギーが無くなって、かゆくなくなるのだそうです。

歳をとると、蚊に刺されても感じなくなるとは。

嬉しいような、哀しいような……。

お坊さんは、なぜ「坊主頭」にしているの？

お坊さんが小学校に出向いて行って説法をし、質問コーナーになって一番多く聞かれる質問が「どうしてお坊さんは坊主頭なんですか？」だそうです。

「そのほうが、カッコイイから」と答えたという粋《いき》なお坊さんもいたそうですが、もちろん理由はそうではありません。

そもそも、仏教の開祖はお釈迦《しゃか》様（ブッダ）ですよね。お釈迦様が生きた古代インドでは、丸坊主は最大の屈辱で、罪を犯した者に対する一種の刑罰だったのです。

ほら、今でもとんでもない失敗をした人が許しを乞《こ》うために

「頭を丸めてまいりました！」って丸坊主になることがあるではありませんか。ブッダが修行に入るとき、自ら髪を切ったのは、**丸坊主という屈辱に耐えるという苦行**のためだったのです。

また、仏教の目標が「苦」からの解放であるというのも髪を切る理由の1つです。「苦」とはつまり「こだわり」。髪が無ければ、**「髪型や髪の手入れに悩む」という煩《ぼん》悩《のう》から解放される**というわけです。

ちなみに、浄土真宗のお坊さんに頭を剃っていない人が多いのは、開祖である親鸞《しんらん》聖人《しょうにん》が、「非《ひ》僧《そう》非《ひ》俗《ぞく》」（私は、国が認定した僧ではないし、俗人でもない）を宣言し、また、「欲を持ち続けてしまうのが人間のありのままの姿である」と唱えたからなのだそうです。

目覚まし時計の「4本目の針」は、なんと呼ぶ？

朝。陽ざしが差し込む部屋で突然、目覚まし時計がけたたましく鳴る。眠そうに目をこすりながらヒロインが目を覚ます……。ドラマの第1話にありそうなシーンです。ありがちですが、朝は物語の始まりを予感させ、ベッドから這《は》い出る主人公は素《す》のまま。観ている人に感情移入をさせる効果があるので、効果的なオープニングです。

と、そんな話はさておき（さておくんかい！）。

あなたは目覚まし時計で起床時間をセットするための針の呼び名をご存じですか？短針、長針、秒針に続く**あの4本目の針の名は……「目《め》安針《やすばり》」または「アラーム針」といいます。**ついでに、一度目覚まし音を止めても、もう一度鳴る機能のことは「スヌーズ（居眠りの意）機能」といいます。

通信社での経験を活かして辺見《へんみ》庸《よう》氏が書いた第１０５回芥川賞受賞作『自動起床装置』のなかには、通信社の宿泊センターで社員たちの起床を管理する「起こし屋」が登場します。その主人公によれば「人を起こすときのもっとも効果的な方法は、耳元で優しくその人の名を呼びかけることだ」とのこと。

たしかに、目覚まし時計の音よりも、自分の名前を耳元でささやかれたほうが快適に目覚めることができそうですね。

なぜ「よそ様の敷居」を踏んではいけないのか？

よそ様のお宅に伺ったとき、ふすまや障子《しょうじ》などの敷居を踏んではいけないといいますよね。礼儀作法に反するそうですが、あれ、いったいどうしてなのでしょう？
「敷居は部屋の中と外の間のいわば結界《けっかい》なので、重んじるために踏まない」
「敷居を踏むと、家の建てつけが歪《ゆが》む原因になるから」
など、説はいくつかありますが、なかでも面白いのは、次の説です。

実はその昔、**忍者が屋敷の床下に忍び込み、床下に届く光によって相手の立っている場所を見極めて、畳と敷居の間から刀を突き上げて攻撃してくることがあったので、それを避けるために敷居を踏まないようにした。**それが、次第に礼儀へと変わっていったというのがその説。

床下からそんなにうまく攻撃できるのか？　とは思いますが、なかなか面白い話ではありませんか。

ちなみに、敷居と同様、畳のへりも踏んではいけないといいますが、こちらは、昔は畳のへりに家紋を入れていたことがあって、踏むのは失礼だということと、へりを踏むと、段差が生じやすいですし、足をひっかけやすいからというのがその理由です。

暗闇でガムテープをはがすと……

どこにでも売っているガムテープ。

そのガムテープを15センチくらいの長さに切り、2枚をくっつけて暗闇でビリッとはがしてみると……。

はがした面がチリチリと光ります。

これは、ピッタリとくっついていたガムテープが無理やりはがされることによって、**「静電気の放電現象」が起こって光っている**のです。

つまり、光っているのは静電気なんですね。

このように、ものに物理的な力を加えることによって発光が起こることを、**「摩擦《まさつ》ルミネッセンス」**と呼びます。

ガムテープなら、何も接着面をくっつけなくても、勢いよく引きちぎるだけで光ります。同様に、氷砂糖をハンマーで割ったり、岩石同士をぶつけたりしたときにも起こる現象で、いってしまえば「火打ち石」で火花が出るのも「摩擦ルミネッセンス」の原理を利用したものといえます。１００円ショップで買ったガムテープでも簡単にできるので、興味のある方はぜひやってみてください。

飛行機はなぜ「高度1万メートル」を飛ぶの？

旅客機に乗っているとよくこんなアナウンスが流れます。

「ただいま、当機は高度1万メートルに達しました」

それまで上昇していた飛行機が1万メートルに達して安定したので、シートベルトを外してもいいですよ、という放送ですね。

この高度約1万メートルのことを旅客機の世界では「巡航《じゅんこう》高度」と呼びますが、なぜ、高度1万メートルなのでしょう？

実は、単に切りがいいだけでなく、ちゃんとした理由があるのです。

それは、**高く飛んで周りの空気が薄くなることで、空気抵抗が弱くなり、飛行機が進みやすくなって、燃料を節約できる**という理由です。

それなら、もっと高く飛べばいいと思いますが、**これより高く飛ぶと、吸い込んだ空気をエンジンの中で圧縮・燃焼・爆発させる過程において、空気が薄くなりすぎて、燃焼しにくくなってしまう**のですね。

この2つの理由から、高度1万メートルくらいが一番具合がよいというわけです。

ちなみに、高度1万メートルで飛行機の外に出たら、そこは、気圧が地上の4分の1、気温はマイナス50度以下の世界です。

★「純喫茶」って何が「純」なの？

最近は、街を歩いても、「昔ながらの喫茶店」を見かけることがすっかり減りました。「昔ながらの喫茶店」とは、店内にクラシックやジャズが流れていて、椅子は古いソファーで、ブレンドコーヒーが５００円くらいして、メニューに玉子サンドやナポリタンがある……とそんな喫茶店のことです（あくまで私のイメージですが……）。

さて、そういう昔ながらの喫茶店の看板にときどき、「純喫茶」と出ていることがあります。この「純喫茶」って何なのでしょう？

簡単にいえば、**「純喫茶」とは、酒類を扱わない、純粋な喫茶店の**ことです。
昭和初期、酒類を扱い、女給による接客を伴う喫茶店が登場し、人気を博した時期がありました。昭和初期を舞台にしたドラマに、「私、カフェで女給をやってるんです」という女性が登場することがありますよね。あれです。
こうした店を**「特殊喫茶店」**と呼び、それに対して、コーヒーや名曲を売り物にした本来の意味の喫茶店が、「ウチは純粋な喫茶店です！」という意味を込めて「純喫茶」とわざわざ名乗るようになったというわけです。
今なら、さしずめ、秋葉原の「メイドカフェ」が「特殊喫茶店」ということになるのでしょうか……？

プロ野球では、「おろしたての白いボール」は使わない？

野球で使うボールのことを、その色から「白球」なんていいますよね。

でも実は、プロ野球では、おろしたての真っ白なボールが試合で使われることはありません。

プロ野球では、**試合で使用するボールは、新品のボールに塗られている蠟《ろう》による滑りを無くすために、特殊な砂によってあらかじめ汚すことが公認野球規則によって決められている**のです。

この「ボールを汚すための砂」は「もみ砂」と呼ばれ、２０１１年からは12球団ともに同じ「もみ砂」を使うよう統一されています。

この「もみ砂」は、歩くと音がする「鳴き砂」で有名な京都府京丹後《きょうたんご》市の琴引浜《ことひきはま》の白砂と、鹿児島県の火山灰を含む黒土を**「秘密の配合比率」**でブレンドして作るそうです。

「おろしたてのボールは汚してから使う」のはメジャーリーグも同じで、こちらは、匂いがなくてボールに塗っても黒くならないという、「デラウェア川の支流の泥」で汚すことが決められています。

しかし、日本と同様、その泥の加工方法は秘密にされているそうです。

海外と日本、学校での「お掃除事情」が違うワケ!

小学校で、掃除の時間に男子たちがホウキと雑巾で野球を始めてしまい、女子たちに「ちょっと、真面目にやりなさいよ!」と怒鳴られる……。今でもそんな光景があるのかは知りませんが、昔の小学校〝あるある〟です。

それにしても、どうして学校では、生徒たちに掃除をさせるのでしょう?

答えは簡単、教育の一環! というより、少し考えてみれば、**そもそも寺院で読み書きを教えた「寺子屋」が起源である学校において、お寺の修行の1つである「掃除」を生徒にさせるのは当然の話**です。

特に禅宗では、「修行としての掃除」を重視しています。禅宗のお寺は、どこを見ても、ピカピカでチリ1つないのは、修行中のお坊さんたちがひたすら掃除をしているからですね。

ですから、日本だけでなく、中国やタイなど、仏教国の学校では生徒に掃除をさせているのです。

一方、アメリカや中南米、そしてヨーロッパの国々は、仏教と関係がないので、学校の掃除は専門の業者に任せている、というわけです。

テレビでは、どこまで「裸」を映していいの？

テレビ番組の旅番組の温泉シーンにはよく、「撮影のためバスタオルを着用しています」というテロップが流れますよね。

あれ、どうしてなのでしょう？

そもそも、公衆浴場で、タオルをお湯に浸けるのはマナー違反。理由は、身体を洗ったときの垢《あか》や石鹸《せっけん》の残りなどがお湯に流れ出して不潔だから。新品のタオルでも、繊維クズは出ますし、周りの人たちは不快に感じますよね。

にもかかわらず、テレビ番組でバスタオルを巻いて入浴するのは、日本民間放送連盟が決めた放送基準の中に、**「全裸《ぜんら》は原則として取り扱わない」**などの項目があるから。

ボカシを入れると、そっちのほうが卑《ひ》わいだし、視聴者も気になって温泉レポートが頭に入ってこないため、「タオルが便利」というわけです。

ちなみに、この手の番組の多くは、**「マネしないで」と釘《くぎ》をさす意味と、「タオルを巻いて入っていいのか！」という抗議を防ぐため**です。

ちなみに、この手の番組の多くは、宿泊費無料で、ひと晩、一般客を断わってロケ隊の貸し切りにします。

それでも、旅館側には放送後の集客というメリットがありますので、タオルを巻いて温泉に入られるくらい、お湯を入れ替えればいいのですから痛くもかゆくもありませんよね。

酔っぱらいは、どうして犬に吠えられる？

ハシゴ酒でイイ調子に酔っぱらったおじさんが、野良犬に吠《ほ》えられる。

ひと昔（ふた昔？）前のドラマの「あるあるシーン」です。

酔っぱらいのおじさんは、どうして、よく犬に吠えられるのでしょう？

理由はもちろん、「そんなに酔ってぇ、気をつけて帰りな！」と声をかけてくれている……というわけではありません。**最大の理由は、彼らがムンムンさせているアルコールやタバコの匂い**です。

何しろ犬の嗅覚《きゅうかく》は人間の100万倍。特に悪臭については人間の1億倍も嗅覚が鋭いといわれています。**発情期のオスは8キロ先のメスの匂いを感じる**とまでいわれていて、ご主人様が最寄りの駅に着いただけで、家にいる犬がソワソワし始めるのは、駅を出たご主人の匂いを感じているからなのです。

ちなみに、犬がしょっちゅう鼻を舐《な》めて湿らせているのは、そのほうが匂いを感じやすいし、風向きもよくわかるからなのですね。

犬が酔っ払いに吠える理由、わかっていただけましたか?

あれ、人間の言葉に直すとたぶん「臭《く》せえ! 臭せえよ! あっち行けよ!」って言っているに違いありません(笑)。

カジノの国で、「カジノに入れない人たち」?

バチカン市国に続いて世界で2番目に小さい国、モナコ公国。

その国の収入源のほとんどはカジノと観光です。

このラスベガスやマカオのようなカジノ天国で、残念ながらカジノに入れない人たちがいます。

それは、他ならぬ**モナコ公国の国民**たち。

そもそも、モナコがギャンブルを合法にしているのは、観光客など、他の国からお金を集めるのが狙い。それだから、自分の国の国民がカジノに入り浸《びた》って、いくらお金を使われても、国としては何の得にもならないというわけですね。

ちなみにラスベガスやマカオでは、自国民にもカジノを解放しています。ラスベガスは「アメリカの他の州からお金を集める目的」がありますし、マカオは「外国人観光客の来場者比率が高いので気にしていない」というところでしょうか。

また、シンガポールでは、国民からだけカジノへの入場料を取っているそうです。

さて、東京にカジノができたとき、国民の扱いはいったいどうなるのでしょうね？

「名字」って、どうやって決められたの？

漫画では、「猿谷」という名字の主人公が猿に似ていたり、「猫村」という名字の主人公が猫だったり（笑）しますよね。でも、現実の世界で、たとえば「猫田」という名字の人が本当に猫に似た顔だったりするのはいったいなぜなのでしょう。

そもそも日本では江戸時代まで、名字を持つことを許されていたのは、特例を除けば貴族や武士だけ。それが1870（明治3）年に「平民苗字許可令」が出され、誰でも名字を持てるようになり、さらに、1875(明治8)年には「平民苗字必称義務令」が出されて、平民も「全員、名字を持たなくてはならなくなった」のです。

このとき、**自分で名字を決められない人たちは、村の庄屋さんに名字を考えてもらうなどしました。**それで、お茶目な庄屋さんが、**「オマエは顔が猫に似ているから、猫田でいいや」と、その人の見た目から名字を決めてしまった**ことがあり、名字と見た目がビンゴの人が誕生したというわけです。

人口の多い中国でさえ3000種類を超える程度しか名字がないのに、日本には約29万種類もの名字が存在する理由も、納得です。

それにしても、庄屋さんから「オマエは顔が猫に似ているから、猫田でいいや」と言われて、よく怒り出さなかったものですよね。

シルバーシートは、なぜ「シルバー」?

電車の車内に設置されている優先席のことを「シルバーシート」と呼びますよね。

あれ、どうしてシルバーなのかご存じですか？

「それはシルバーがお年寄りをイメージする色だからだろう」と思ったあなた。でも、英語の「シルバー」には「お年寄り」というニュアンスはありません。英語で「お年寄り」をイメージする色は「シルバー」ではなくて、「グレー」なんですね。

では、どうして「グレーシート」ではなく、「シルバーシート」なのか？

そもそも「シルバーシート」が初登場したのは１９７３（昭和48）年9月15日の敬老の日。初設置は当時の国鉄（懐かしい響きだなぁ。現在のＪＲです）の山手線、中央線、京浜東北線でした。

その名前の由来は、**かつて国鉄で、50歳以上の夫婦の旅行用に「シルバー周遊券」というものを発売したことがあり、単純にその流れでネーミングされた**のです。それにしても、「50歳以上」で「シルバー」というところが昔っぽい。昔は「50歳以上」といえば立派にシルバー世代だったのですね。

この「シルバーシート」。今ならきっと、名前を一般公募したでしょうね。「シルバーシート」に替わる名前を募集したら、どんな名前になるか少し興味があります。「スーパーシニアシート」なんて名前になるのでしょうか。

? セブン‐イレブンのレジには、「謎のボタン」がある?

日本におけるコンビニエンスストアの最大手、セブン‐イレブン。

このセブンのレジに、ピンクと青で色分けされた10個の「謎のボタン」があるのをご存じですか?

今度、買い物をするとき、店員の動きを見ていてください。

レジ打ちをする店員は、必ず、この10個のボタンのうち、どれかを1つ押しているはずです。

実は**このボタンは、「どの商品を何歳くらいの人がどんな時間帯に買ったか」という情報を蓄積《ちくせき》するためのものなの**です。

ピンクボタンは女性客、青ボタンは男性客。そして、それぞれ5つのボタンは年齢層で、お客さんを見た店員が判断して、どれかのボタンを押す仕組み。

どれか必ずボタンを押さないと、レジの操作を完了できない仕組みなので、見た目では性別・年齢の判別が難しいお客さんが来たら、どのボタンを押すかを迷っている店員さんを見られるかもしれません。

相撲だけ、なぜ「取る」というのか?

野球やサッカーなど、普通、スポーツは「する」とか「やる」といいますよね。それなのに、なぜ、相撲だけは、「相撲を取る」というのでしょう?

そもそも、相撲の起源は日本神話にまでさかのぼり、『古事記』の中に登場する「神様同士の力くらべ」がその起源といわれています。

この「力くらべ」のときに、**「手を取り合ってから」始めたことから、「相撲を取る」という言葉が生まれた**というわけです。

ちなみに、人間同士の相撲のルーツとしてよく知られるのは、『日本書紀』に出てくる野《の》見宿禰《みのすくね》と当麻蹴《たいまのけ》速《はや》の2人が、第11代垂《すい》仁《にん》天皇の前で行なった天覧相撲。このときは、野見宿禰が当麻蹴速をなんと蹴《け》り殺して勝利したといわれています。その後、この

故事にちなんで、734（天平6）年に聖武天皇の天覧相撲が行なわれ、これが一般的な相撲の始まりといわれています。

実はこの野見宿禰さん、殉死《じゅんし》（主の死のあとを追って命を断つこと）を止めさせるために、埴輪《はにわ》を考案したことでも知られている人。相撲とはいえ、当麻蹶速を殺してしまったことを気に病んでいたのかもしれませんね。

★「握手」の起源と、その効果

西洋において相手と親密になろうとするときに「握手」をするのは「自分は手に武器を持っていませんよ」という意思表示からきているといいますよね。

そういえば、劇画の『ゴルゴ13』の主人公は「握手をしない」というのがポリシーです。理由は「相手に自分の利《き》き腕を預けないため」といいますから、握手の起源から考えても理にかなった話です。

この「握手」には、敵意がないことを示す他にも、**「相手と触れ合うスキンシップ**

効果」「相手のパーソナルスペースに入り込める」という効果もあります。「パーソナルスペースとは、アメリカの文化人類学者エドワード・ホールが提唱した「他人に近付かれると不快に感じる空間」のこと。握手では4つのパーソナルスペースのうち、一番近い「密接距離（0〜45センチ）」に入ることが可能です。

考えてみれば、初対面の相手にいきなり触れて、本来は親しい相手にしか許されない「密接距離」に入ることができるのですから、とても便利な習慣です。ビジネスシーンでも、うまく使いたいものですよね。政治家が選挙活動で、とにかく握手をしてくるのもよくわかります。

ちなみに、相手に**一番好意を持ってもらえる握手の時間は、約3秒の握手**だそうです。

「視線」だけで心の動きがここまでわかる？

相手が本当のことを言っているか、それとも作りごとを言っているか、ベテラン刑事はすぐに見破ってしまいますが、私たちでも、相手の視線の動きに注目すればある程度のことは推察できます。

まず、人は視覚的なイメージを思い浮かべるとき、視線が上を向きます。

つまり、無意識に脳のほうを見てしまうわけです。このとき、視線が右上を見るか、左上を見るかに注目しましょう。

人は、「思い出している」ときは左上を、「考え出そうとしている」ときは右上を見るものなのです。

つまり、「昨日、○○はどんな様子だった？」と聞いたとき。相手の視線があなたから見て右上に動けば、昨日、実際に見たその景色を「思い出そうとしている」。

逆に視線があなたから見て左上に動けば、実際には見ていない景色を「考え出そうとしている」ことになるわけです。

他にも、**音や声について「思い出しているとき」**、**視線はあなたから見て右横に、音や声について「想像しているとき」はあなたから見て左横に動きます。**

これを知っていると、相手の言葉が「経験」によるものか「想像」によるものかが、ある程度見抜けるというわけです。

「目の色」が違うと「見え方」も違う？

昔、美術の先生が、「目の色が違うと、色の見え方が違う」という話をしていました。つまり、まったく同じ色を見ても、黒い目の人が見ている色と、青い目の人が見ている色は違って見えているということです。

色と同じく、目の色の違いによって、光の感じ方も異なります。

目の色の違いは、すなわち目の虹彩《こうさい》という部分の色の違いなのですが、ここがメラニン色素によって黒い人は、青い人に比べて光に強いということになります。

つまり、虹彩が黒色以外の人が多い西洋人が、晴れの日にサングラスをかけるのは、日本人よりも目が紫外線に弱いからなのです。

ちなみに、**顔のホリが深く、目がくぼんでいる西洋人は真横を見ることができません。その点、ホリが浅い日本人は視野が広い。**

第二次大戦のとき、日本の戦闘機乗りがドッグファイト（戦闘機同士の空中戦）に強かった理由の1つが、この「視野の広さ」だったといわれています。

墓参りで墓石に水をかけるのは、なぜ？

お墓参りに行くと、手桶に水を入れて持って行き、ひしゃくで墓石に水をかけますよね。あれ、いったいどうしてあんなことをするのでしょう？

もちろん、お墓の汚れを落としたり、水をかけて清めたりという意味もあります。しかし、実は仏教的な理由が他にあるのです。

死者が訪れるという6つの世界のうちの1つ、「餓鬼界《がきかい》」には「水がない」といわれています。そのため、お墓に水をかけることで、**ご先祖様をノドの渇きから救う**という意味があるのです。

また、**墓のそばにいるという「餓鬼」への施《ほどこ》し**という説もあります。餓鬼は普段は水を飲めないのですが、お墓にかけられた水は飲むことができるといわれているのです。つまり、「餓鬼」のような存在にすら慈悲の心で施しをする行為だという考え方ですね。

もう1つ、お墓に**水をかけることが合図になって、ご先祖様が墓参りに来た人たち**

の前に現われるという説もあります。

いずれにしても、お墓に水をかけるときは、たっぷりと、お墓全体が濡れるくらいかけたほうがよいといわれていますので、手桶の水はケチらずに使いましょう。

大型客船の窓は、なぜ丸くて小さい？

大型客船の窓って、丸くて小さいですよね。

あなたも1度や2度は、「もっと大きければ外がよく見えるのに……」と思ったことがあると思います。

船の窓って、どうして丸くて小さいのでしょう？

答えは簡単。**丸いほうが、強度があるから**です。

船の窓にかかる負荷は、陸を走る乗り物の窓にかかる負荷とは比べ物にならないほど大きいのだそうです。そのため、圧力が四隅にかかってしまう四角い枠の窓ではなく、**丸窓にして圧力の分散をはかっている**というわけなのです。

メーカーによれば、あの窓、ガラスの厚さも3センチを超えるのだとか。

ただ、最近の豪華客船では、お客の「丸窓では景色が見えにくい」という声から、水面から高いところにある窓は四角くしていることも多いそうです。ただ、その場合も四隅の角の部分を丸くして強度をアップさせているとのこと。

もちろん、飛行機の窓が丸くて小さいのも、船舶と同様、「強度を増すため」というのが理由です。

外国人観光客に「予想外のもの」が大人気!?

神社にいくと、社《やしろ》の柱や賽銭《さいせん》箱などに、たくさんの千社札《せんじゃふだ》が貼られていますよね。

あれはもともと、江戸中期以降に庶民の間で流行った「千社参り」(たくさんの神社を詣《もう》でること)のとき、訪ねた神社に自分の名前を残すために貼ったものです。

もちろん現在では、神社の許可なく勝手に貼るのはマナー違反ですし、その神社が文化財だったりすると、法で罰せられることにもなりかねませんのでご注意ください。

さて、そんな千社札が今、**外国人向け観光サイトの「東京で買うべきお土産ランキング」で上位にランキングされるほど、外国人観光客に人気**なのだとか。

銀座にある「ストックプラス」というお店では、千社札の書体を活かした、千社札シールや千社札ストラップが日本人だけでなく外国人にも好評です。その場で、たとえば**「ジェームズ」という名に「侍英夢寿」と漢字を当てるなどした〝一点もの〟を、短時間（15分くらい）で作ってくれるのが人気の秘密**とのこと。

同店の千社札ストラップは俳優のジョニー・デップやアンジェリーナ・ジョリーも、ファッションアイテムとして愛用しているそうです。

ちなみにジョニー・デップの当て字は「叙新弟風」！

なぜ、メジャーリーガーはしょっちゅうガムを噛むの？

アメリカ映画などで、戦場におもむく兵士たちがガムをクチャクチャやっているシーンを観たことがありませんか？

野球のメジャーリーグでも、試合中、ずっとガムを噛《か》んでいる選手がいますよね。

そんな兵士や選手たちが意識しているかどうかは別にして、この「噛む」という行為には脳内の血流を増加させる効果があります。**血流が増加するということは、脳が活発に働くので、集中力や判断力、認識力や思考力がアップする**ということです。

つまり、戦いやプレーをするうえで有利になるわけですね。

さらに、よく噛むことには、「コレシストキニン」というホルモンの分泌が増えるという効果もあります。

この「コレシストキニン」というホルモン。**ストレスによる恐怖や不安を減少させる効果がある**のだとか。

脳が活発に働くうえに、恐怖や不安も取り除いてくれる効果があるとは！

「よく噛む」という行為、なかなか、あなどれません。

ガムという商品がすたれない理由がわかったような気がします。

2章

「ブラックリスト」に最初に載った人は？

〝なるほど！〟が止まらない、「ルーツ」の雑学

日本初の「美人コンテスト」が行なわれた場所は?

1923(大正12)年に起こった関東大震災で倒壊するまで、東京浅草の名所の1つだった**浅草十二階こと「凌雲閣《りょううんかく》」**。完成は1891(明治24)年。高さは52メートル。その内部には日本初のエレベーターも設置されていました。

しかし、このエレベーター。ずっと故障続きで、オープンから半年後には使用中止になってしまいます。

困ったのは凌雲閣の持ち主です。凌雲閣の入場料は大人8銭、子ども4銭。かけそば1杯が1銭の時代、はたして、エレベーターのない12階の建物に人が来てくれるだろうか……。いったいどうすれば、階段を登ってもらえるだろうか?

そのときに浮かんだのが「美人コンテスト」というアイデアだったのです。

開催したコンテストの名は、付けも付けたり「東京百美人」!

エントリーしたのは102名の芸者さんたち。主催者は、プロ写真家に彼女たち一人ひとりの写真を撮影させ、その写真を階段の壁面に展示。**来場者は、階段を登りな**

がら写真を見て、最上階で投票を行なうというルールにしたのです。

このアイデアは大当たりし、会期5日間の来場者はなんと、延べ5万人にも及びました。これ、たぶん、同じ人が贔屓《ひいき》の芸者のために、何度も登って投票したのでしょう。このへんは、今も昔もアイドルファンの心理は一緒ですね。

ちなみに、日本初の美人コンテストの一等となったのは、新橋玉川屋の玉菊さんという芸者さんでした。

富士山に最初に登った女性の「パーフェクトな名前」って?

山梨県と静岡県にまたがる日本一の山、富士山。

さて、その頂上は、どちらの県に属しているかご存じですか?

正解は、実はどちらの県にも属していません(意地悪な質問で失礼!)。

なぜなら、山頂部分は、両県の県境が定まっておらず、「境界未定地」となっているのです。

このことからもわかるように、霊峰《れいほう》富士は古くから信仰の対象。そして、かつては女人禁制でした。そう、女性は登頂することができなかったのです。

この富士山の山頂に初めて女性が立ったのは1832（天保3）年のこと。

その女性、**名前を、高山たつさん**といいました。

日本一高い山の山頂に最初に立ったのが「高山たつ」さんとは、ちょっと出来すぎですね。

この高山さん、キリシタン大名の代表格、高山右近《うこん》の直系の親族といわれている女性で、富士登頂に際しては、わざわざマゲを結《ゆ》って男装までして登ったとか。登頂後は、男女平等を説き、富士山への女性登頂の道を拓《ひら》くことにも尽力したのです。このたつさん、その後、1876（明治9）年に64歳でお亡くなりになったそうです。

誰もが知るあの会社は、「存在しない単語」を社名にした!?

いきなりクイズです。

問題 世の中に存在しない単語を社名にしている、検索サービスの大企業はどこ?

わかりますか?

答えはGoogle(グーグル)社。

Google社のその社名の由来は、世の中に存在する最大の数の単位「Googol(グーゴル)」という「10の100乗」を意味する数学用語。

えっ?「スペルが違うじゃないか」ですって?

おっしゃるとおり。実はこれ、同社の創業者であるラリー・ペイジらが、自分たちが開発した検索エンジンの名前を登録するときに、**スペルを間違えてしまったのが、そのまま社名になってしまった**ものなのです。

スペルの間違いにすぐに気がついた彼らは、こんなふうに考えます。

「世の中にない単語を登録してしまった。これは面白い!」

そして、あえて修正の申請をしなかったのです。

ミスしたことを後悔するどころか、「これはイイぞ!」と思ってしまえる心の余裕というか、遊び心がすごくカッコイイと思いませんか。

その後の同社の成長はご存じの通り。彼らは、この世に存在しなかった単語を世界中に響き渡らせることに成功したのです。

★お祝いするときの「胴上げ」の習慣は、どこで始まった？

受験に合格したときや、チームが優勝したとき、合格者や監督などを胴上げすることがあります。日本ではよく見る光景ですが、他の国ではあまり無い習慣なのだそうです。

では、この「胴上げ」、いったい、どこからきたのでしょう？

一説によると、**長野県の善光寺で、12月に、五穀豊穣《ごこくほうじょう》、天下泰平を祈願して夜を徹して行なわれる「堂童子《どうどうじ》」という行事で、最後に仕切り役の体を抱え上げ、空中に投げ上げる習慣があり、これが胴上げのルーツ**ではないかといわれています。

しかし、この胴上げ、スポーツ選手たちが監督を胴上げするぶんには見ていても安心ですが、冷静に考えるとものすごく危険な行為。胴上げされた人が落ちて、思わぬケガをすることもあり、喜びが一転して悲劇になりかねません。

結婚披露宴などで酔っぱらっているときはしないほうが無難。そして、胴上げを何回するのかは、ちゃんと全員で決めてからやりましょう。
胴上げは、「飲んだら上げるな、上げたら落とすな」です。

世界で初めて「熱気球」に乗ったのは?

私がかつて『第10回アメリカ横断ウルトラクイズ』に出たときの優勝賞品は、なんと熱気球でした。まあ、それはともかく(笑)、熱気球の事始めのお話。

世界で初めて熱気球の実験に成功したのは、1783年9月、フランスのモンゴルフィエ兄弟です。最初の公開実験の場はヴェルサイユ宮殿で、フランス国王ルイ16世、王妃マリー・アントワネットも見守っていました。

このとき、**気球に乗せられたのはヒツジとアヒルとニワトリ。**

初めは囚人を乗せるという話もあったのですが、囚人たちが

「そんなものに乗るくらいならギロチンのほうがマシ」と言い出して、動物を乗せることになったのだとか。

460メートルほど上昇し、約3キロ移動した気球は無事に着陸。乗客（？）の動物たちも窒息《ちつそく》することはありませんでした。

この成功を受けて、11月には、初の有人飛行実験を敢行。

若い科学者のピラートル・ド・ロジェとフランソワ・ダルランド侯爵の2人が搭乗し、パリの上空を25分間にわたって飛行したのです。

船の「進水式」には、ちょっと怖いルーツがある？

新しくできた船の「進水式」というと、船体にシャンパンのビンをぶつけて割るのがクライマックスです。

華やかな儀式ですが、実はこのルーツをたどるとちょっと怖い歴史があるのです。

昔、船に乗って大海原《おおうなばら》へ出て行くというのは、命がけの行為でした。

船乗りたちは、海上で「海の神の怒り」である嵐に遭《あ》うことを何よりも怖れました。そこで、**かつてのバイキングや古代ギリシャ、古代ローマの船乗りたちは、新しい船の進水式にあたって、生きた奴隷や囚人を「生けにえ」として捧げて、神の怒りを鎮《しず》めようと考えた**のです。

時代を経て中世以降、この生けにえが、「血の色を想像させる赤ワイン」のビンを割る儀式へと変化。やがて白ワイン↓シャンパンへと変わり、現在に至ったというわけです。ちなみに、日本では、日本酒が使われることもあるとのこと。

なお、進水式のときに、船に叩きつけたビンが割れないとその船は不幸になるといわれています。ちなみに、あのタイタニック号の進水式では、シャンパン割りをしなかったのだそうです。

「ブラックリスト」に最初に載った人は？

要注意人物の一覧表を「ブラックリスト」といいます。

この「ブラックリスト」に最初に載ったのは、どんな人たちなのでしょう?

それには、2つの説があります。

1つ目の説は、イングランド王のチャールズ2世が、清教徒革命のときに、父のチャールズ1世に死刑を宣告した58人の裁判官のリストを作り、これを「ブラックリスト」と呼んだというもの。チャールズ2世は王政復古で王位に就《つ》くと、このリストに基づいて、国外に逃亡していた裁判官たちを探し出して「王殺しの罪」で死刑または終身刑にしたそうです。

2つ目の説は、イギリスで、常習の泥酔者に酒を売らないように彼らの名前を記した名簿を作り、これを「ブラックリスト」と呼んだというもの。

1つ目の説をとれば裁判官が、2つ目の説をとれば常習の泥酔者が、ブラックリストに最初に載った人たちということになります。

ちなみに、特に注意の必要がない人たちの一覧表のことは「ホワイトリスト」と呼びます。

初めての「ビールかけ」に寄せられたクレームとは?

プロ野球で優勝したチームの選手にとって、優勝祝賀会でのビールかけというのは最大の楽しみのようです。試合では、地球最後の日のような顔でプレーしていたベテラン選手までも、ビールかけでは見たことのないような顔ではしゃいでいます。

ところで、このビールかけ。やっているのは日本と韓国のプロ野球くらいで、野球の母国、アメリカではビールではなくシャンパンファイトが普通。

それもそのはずで、そもそも**日本のビールかけは、このシャンパンファイトを模《も》したもの**だったのです。

日本のプロ野球の優勝祝賀会で最初にビールかけを行なったチームは、1959(昭和34)年に日本シリーズで優勝した南海《なんかい》ホークスでした。旅館の大広間で行なわれた祝賀会で、内野手のカールトン半田選手が、杉浦忠《ただし》投手にビールをかけたのがその始まり。半田選手はハワイ生まれ。アメリカでプレーしたこともあり、ふと、母国のシャンパンファイトを思い出してビールをかけたのですね。

それを見た周りの選手たち。最初は「いったい何を?」となったものの、そこは、ノリのよいアスリートたちの祝賀会。すぐにお互いにビールをかけ合って大騒ぎに。大いに盛り上がった、日本初のビールかけでしたが、**その広間は畳部屋だったため、後日、旅館から大クレームが寄せられた**のだそうです。

最初に「ホームシック」と認められた人は?

「ふるさとの 訛《なまり》なつかし 停車場の 人ごみの中に そを聴きにゆく」

歌人の石川啄木《たくぼく》が、故郷の岩手を懐かしみ、「東北への玄関」だった上野駅に、東北地方の訛りを聞きに行ったことを詠んだ歌です。

啄木のそこはかとないホームシックが伝わってきますよね。

ところで。この「ホームシック」、最初に認められたのはどんな人たちだったのでしょう? 実は、弱々しい歌人とは正反対の人たちがこの症状の元祖でした。

それは兵士。**15世紀ごろからヨーロッパの各地でさまざまな戦争に参加したスイス**

の傭兵《ようへい》（＝雇われ兵士）たちです。

屈強な彼らのなかに、故郷のスイスを恋しがって落ち込む者が続出し、ヨハネス・ホーファーというスイス人医師がこの症状を「ノスタルジア」と名付けたのが、いわゆる「ホームシック」が認知された最初になったのです。

たしかに、雄大なアルプスの大自然の中で過ごしていた彼らが、殺伐《さつばつ》とした戦場で故郷の景色と生活を思って心の病にかかる気持ちは、想像に難《かた》くないですね。

「ふるさとの　景色なつかし　戦場の　泥沼の中で　そを想いゆく」

初めての輸血に使われた血は？

世界で初めて「輸血」を行なったのは、ルイ14世の顧問医師だったフランス人医師、ジャン＝バティスト・デニでした。

1667年、貧血に苦しむ青年に約200ミリリットルの血液を輸血したのですが、**このときに使われたのは、なんと子羊の血！**

当然、青年は死亡……と思ったら、この青年、元気になってしまったのです。

すっかり自信を得たデニ医師。その後、子羊の血を使って輸血を続けたのですが、患者を死なせてしまうこともあり、とうとう遺族から殺人罪で告訴されてしまいます。

裁判の結果、この件は冤罪《えんざい》とされ無罪になりましたが、裁判の影響で「輸血」の是非が問われ、フランスで、次いでイギリスでも輸血は禁止になってしまったのです。

人間の血が輸血に使われたのは、約150年後の1820年代。イギリスの産婦人科医、ブランデル医師が出産時の出血で命が危なくなった婦人に人間の血を輸血して一命をとりとめさせたことから、ふたたび「輸血」は注目を集めます。

とはいえ、あいかわらず危険を伴うものだったのですが、1900年にランドシュタイナーが血液型を発見するに至って、ようやく安全なものになったのです。

世界初の内視鏡は「○○用」？

人間ドックに行くと、「胃カメラ」で検査をすることがありますよね。

この「胃カメラ」とは、もちろん俗称で、正式には「上部消化管内視鏡」というムズカシイ名前です。

この「人間の体の中をのぞく」という医療行為の歴史は意外に古く、紀元前4世紀ごろの古代ギリシャにまでさかのぼります。

当時のギリシャの交通手段は馬でした。そのため、痔《じ》になる人が多かったのですね。それで、その**痔を焼いて治療するために、肛門の内部を観察する器具**が用いられました。広義ではこれが内視鏡のルーツといわれています。

一方、いわゆる「胃カメラ」のルーツとなると、ときを経て1868年。**ドイツのフライブルク大学内科学のアドルフ・クスマウル教授が、「胃鏡」によって、世界で初めて生きた人間の胃の中の観察**を行ないました。

ちなみにこのとき、最初に胃の中をのぞかれた人は、患者ではなく、剣を呑《の》む芸をする大道芸人だったそうです。

「インクが垂れない万年筆」が生み出された理由

万年筆は1800年代にイギリスで発明されました。

発明された当時は、書くときにインクが垂《た》れることもある品質の悪いものでしたが、これに改良を加えて、一般に広めたのはアメリカのルイス・エドソン・ウォーターマンという人です。

もともと、保険会社の外交員だった彼が、万年筆の改良を思い立ったのは次のようなきっかけだったそうです。

あるとき、彼の勧《すす》めで保険の加入を決めたお客さんが契約書にサインをしようとしたそのとき、**万年筆からインクがポトリと契約書に落ちた**のです。お客さんがそれを不吉に思ったかどうかはわかりませんが、結局、契約はキャンセルに。

せっかくの成約がフイになり、怒ったウォーターマンさんは、**「それなら、インクが垂れない万年筆を作ってやる！」**と思い立ったというわけです。

彼は1884年に毛細管現象を利用したペンの芯《しん》を発明、さらに、ペン先に割り溝《みぞ》をつけることでインクが垂れない万年筆を発明することに成功しました。

ウォーターマンさんが作った万年筆は大人気となり、彼はのちに万年筆の会社を設立するに至ります。

たった1枚の契約書をフイにした怒りが、後世に残る発明につながったのですね。

おもちゃの「ガラガラ」は、最初はおもちゃではなかった?

赤ちゃんをあやすときに使うおもちゃ、「ガラガラ」。
てっきり、通称かと思ったら、どうやら「ガラガラ」が正式な名称。しかもこのおもちゃ、世界各国で、紀元前から見られるという古い歴史を持っているのです。
人類最古の「ガラガラ」は干したヒョウタンや土製のボールに小石を詰めたもので、**おもちゃとしてではなく、悪霊を追い払うために部族の司祭がガラガラと鳴らした**ものだったそうです。

子ども向けのおもちゃとしての「ガラガラ」は、紀元前1360年頃の古代エジプトにルーツがあるといわれています。鳥や動物をかたどったものが多く、子どもが持っても危なくないように、とがった部分が無いという配慮もなされていたとか。

また、古代ギリシャではブタをかたどったガラガラが多く見られますが、これは当時、子ブタが子どもの健康を守るという信仰がギリシャにあったからだといわれています。

魔除け、楽器、そしておもちゃと、用途はさまざまですが、世界中にほとんど同じものがあり、同じような使われ方をしてきているのが面白いところです。

★「クラブ」って、もともとどんな人の集まり？

私事で恐縮ですが、私は日本最古のクイズサークルである「ホノルルクラブ」に所属しています。これ、いわば、クイズが好きな人たちの同好会。月に一度集まって「早押し機」のボタンを手に、クイズ問題を楽しんでいます。

ちなみに、クラブの名前は、もともと、クイズ番組でハワイ旅行を勝ち取った人たちのツアーのとき、ホノルルで「クイズ同好会を作ろう」という話がまとまったことからのネーミング。

さて、横道にそれましたが、この「ホノルルクラブ」とか「テニスクラブ」とか「乗馬クラブ」といったふうに使われる「クラブ」とは、いったいどういう意味からきた言葉なのでしょう?

実はこの「クラブ」。もともと**「クラブを持ってゲームをする人たちの集まり」**を意味する言葉でした。

もちろん、ここでいうクラブとは、ゴルフやホッケーなど、球技で使う棒状の道具のことですね。マイクラブを手に、人が集まる場所だから「クラブ」だったのです。

ちなみに漢字で「倶楽部」と書くのはもちろん当て字。

明治の初期ごろには「苦楽をともにする」という意味から「苦楽部」の字を当てたクラブも多かったそうです。

昭和初期に大ヒットしたふりかけの名前は？

私は子どものころ、ご飯に「ふりかけ」をかけて食べるのが大好きでした。有《あ》り体《てい》にいえば、好みのふりかけさえかかっていれば、おかず無しでも満足というくらい好きだったのです。

ところで、この「ふりかけ食品」。いったい、元祖はどんなものだったのでしょう？

食品会社が出した、日本で最初の本格的な「ふりかけ食品」は、丸美屋食品研究所（現丸美屋食品工業株式会社）を設立した甲斐《かい》清一郎《せいいちろう》という人が、１９２７（昭和２）年に売り出したといわれています。

その商品名は、言いも言ったり、『**是《これ》はうまい**』。

この『是はうまい』は、魚のイシモチから作った粉、昆布の粉末、海苔《のり》、ゴマなどを混ぜてビン詰めにしたもの。

こう聞くと、現在のふりかけとほとんど変わりませんね。

たいへんな人気で、庶民だけでなく、上流階級にもよく売れたそうです。

華族がこの商品を買うときは、上品に「『是はおいしい』をください」と言って買ったという、ジョークのような話が残っています。

落語の噺に「題名」がつけられた、合理的な理由って?

古典落語のタイトルって、とてもシンプルですよね。「子ほめ」「長屋の花見」「まんじゅうこわい」なんて、はっきりいって「そのまんま」です。

実はそれもそのはずで、もともとは落語の一つひとつの噺《はなし》に題名は付いていなかったそうです。最初にまず噺があって、あとから「どの噺」かがわかるようにタイトルを付けた。

「どの噺かわかるようにすること」が狙いだったわけですから、タイトルを聞いてすぐにわかるように、ひねったタイトルを付けなかったというわけです。

ではなぜ、一つひとつの噺にタイトルを後付けしたのか?

その最大の理由は、**同じ日に同じ噺がかぶるのを避けるため**でした。

落語家は寄席《よせ》の楽屋に入ると、その日にその寄席で演じられた演目が記録されたネタ帳を確認して、まだ演《や》られていない噺を選んだのです。

先に1日のプログラムを決めてしまえばよさそうですが、ホール寄席などと異なり、普通の寄席での落語は、高座にあがった落語家が、その日の客筋を見て演目を瞬時に変更することもあり、事前に演目を決定できないところがあるのです。

そのため、寄席では、その日に演じられた演目をネタ帳に記入し、寄席入りした噺《はなし》家《か》はそのネタ帳を確認して重複を避ける。そうするために落語にタイトルが必要になったのですね。

！便利な「インスタント味噌汁」のルーツは？

日本で味噌汁が飲まれるようになったのは室町時代のころだといわれています。

その前の鎌倉時代には、サトイモの茎《くき》で縄を編み、それに味噌を染み込ませて乾燥させた「芋《いも》がら縄」という戦場での携帯食がありました。

これは、普段は腰に巻き付けておき、食べるときには必要なぶんをちぎって、鍋や逆さにした陣笠《じんがさ》に入れ、水を入れて沸騰させて煮れば味噌の味が染み出したというもの。これが「味噌汁」のもとになったのだとか。

さらにその後、**日本初のインスタント味噌汁を考え出したのは、豊臣秀吉の家臣、増田《ました》長盛《ながもり》**だといわれています。

これは、大根、ニンジン、ゴボウ、カツオ節などが入った味噌汁を煮詰めたものを乾燥させるという、本格的なもの。細かくしてお湯に入れるだけで瞬時に味噌汁ができるため、朝鮮に出兵した秀吉の兵たちも携帯したと伝わっています。

「さっぽろ雪まつり」で最初に雪像を作ったのは?

毎年、2月の上旬、北海道の札幌にたくさんの観光客を集める「さっぽろ雪まつり」。小《お》樽市《たるし》北手《きたて》宮《みや》尋常小学校(=のちの小樽市立北手宮小学校・2015年度で閉校)

で１９３５（昭和10）年から学校行事として開催していた「雪まつり」をヒントに、札幌市と札幌観光協会の主催で、「さっぽろ雪まつり」がスタートしたのは１９５０（昭和25）年のこと。

第1回の「さっぽろ雪まつり」で雪像を作ったのは、**札幌市内の中学校2校と高校3校の生徒たち**でした。美術の先生の指導のもと、道具を持ち寄り、試行錯誤を繰り返して、高さ3～5メートルの雪像を6基、作り上げたのです。

雪像の展示の他にも、歌謡コンクールや演芸大会、犬ぞりレースなども行なわれたこの第1回さっぽろ雪まつりは市民の好評を得て定着し、現在に至るのです。

ちなみに、会場が大通公園になったのは、ここが市民の「雪の捨て場所」になっていたから。また、毎年、陸上自衛隊が雪まつりに参加する名目は「野戦築城訓練」。あくまで訓練の1つとして、まつりに参加しているのです。

雪まつりの期間が終わった雪像は、安全面の考慮などから直ちに取り壊されてしまいますが、雪の山は3月までしばらく残されて、一部をすべり台にするなどして再利用されています。

3章

ピカソはなぜ、「ツルッパゲ」にしていたのか？

思わず笑ってしまう、「ユニークな人物」雑学

♫ 文豪トルストイが、レストランで言ったジョーク？

ロシアの、というより世界の文豪の1人、レフ・トルストイ。

『戦争と平和』『アンナ・カレーニナ』などの作品で知られる彼は、熱心なベジタリアンで、菜食に関する論文まで残しています。

そんなトルストイさん、あるときのこと、ロンドンのレストランでの食事に招待されたのですが、肉にはいっさい手をつけず、野菜だけを食べていました。

鶏肉の料理が運ばれてきたときは、付け合わせのサラダだけを食べ、ウエイターに対して、皿の上に残った鶏料理を指さして、こんなことを言ったそうです。

「君は、この鶏が殺されるときにどんな恐怖を味わったか想像できるかね？よく見たまえ、鳥肌を立てたまま死んでいるではないか！」

トルストイのこの言葉が、真面目な訴えだったのか、イギリス人相手のジョークだったのか、今となってはわかりません。

ピカソはなぜ、「ツルッパゲ」にしていたのか?

生涯におよそ1万3500点の油絵とデッサン、10万点の版画、3万4000点の挿絵、300点の彫刻と陶器を制作し、もっとも多くの作品を残した芸術家として『ギネスブック』に掲載されているパブロ・ピカソ。

そんなピカソのトレードマークといえば、そのヘアースタイル……というか、ツルッパケの頭ですが、あの頭には、ワケがありました。

実はピカソさん、**生涯、理髪店に行くのが怖かった**のだそうです。

そのため、まだ髪を伸ばしていたころに、髪を切るのはもっぱら奥さんの役目。奥さんがいないときには、苦労して自分で髪を切っていたとか。

それはたしかにツルッパゲにしたほうが便利です。

怖かったのは理髪店だけでなく、店員とのやりとりが嫌いだったのか洋服屋も苦手で、ずっと同じ服を着ていたそうです。

あの髪型や服装にそんな理由があったとは。いつも眉間にシワを寄せたコムズカシイ顔をしているという印象のピカソですが、意外なところでシャイだったのですね。

アインシュタインの「マイペースすぎたスピーチ」

「相対性理論」で有名な天才物理学者アインシュタイン。

自分の相対性理論を他人にわかりやすく説明するときに、「熱いストーブの上に手を当てた1分間は1時間に感じられるし、好きな女の子と一緒に過ごす1時間は1分間にしか感じない。これが相対性というものだ」と説明した話が有名ですよね。

そんな、独特なユーモアセンスを持っていた彼のエピソードです。

ある大学の晩さん会に招かれたアインシュタイン。

「ぜひ、テーブルスピーチを！」と頼まれて立ち上がったまでは、よかったのですが、なんとこう言ったのです。

「皆さん、せっかくのご指名ですが、残念ながらお話しすることは何もありません」

そう言うと、また座ってしまうではありませんか。

ガッカリする一同。しかし、アインシュタインさん、何かを思い出したように、すぐにまた立ち上がり、今度は、こう言ったのです。

「お話しすることができたら、また来ます」

さて。そんな出来事があって、半年もの月日が流れたある日。

その大学に、アインシュタインから1通の電報が届きました。

その電報には、たったひと言、こんなメッセージがあったそうです。

「ハナスコトデキタ」

マイペースすぎるぞ、アインシュタイン！

？ ベンジャミン・フランクリンの「飲み屋での節約術」って？

アメリカ創成期の政治家、ベンジャミン・フランクリン。

アメリカの独立宣言を作った5人のうちの1人でもあることや、凧《たこ》を使ってカミナリが電気であることを証明した実験でも知られていますね。

政治家だけでなく、外交官、著述家、物理学者、気象学者など多方面で活躍した人で、発明家でもあり、前後にゆれるロッキングチェアや遠近両用メガネなどを発明しています。

発明したものの、特許を取らずに気前よく社会に役立ててもらうなど、人間的にも評価が高く、大統領にこそなりませんでしたが、84歳で亡くなったときは国葬が行なわれたほどアメリカ国民の人気は絶大でした。そうそう、100ドル札の肖像画にもなっていますね。

そんなフランクリンさん、印刷業で成功するまでは決して裕福ではなく、本を買うお金を貯めるために食事代を節約する日々でした。

食事で友人たちがビールを飲んでいるときでも、その横で平然とした顔で**パンをつまみにして水を飲んでいた**そうです。

友人が「いくらなんでもビールくらいは付き合えよ」と言うと、フランクリンさん、いつもこう答えていたとか。

「ビールの原料は水と麦だ。だから一緒さ」

1年で145曲も作っていたシューベルトの「迷言」

オーストリアの作曲家、シューベルト。

31歳で亡くなるまでに600曲もの歌曲を作曲し、そのおかげで、「歌曲の王」と呼ばれた人です。

作曲はすさまじい速さで、1815年には1年間で145曲を作ったと伝わっています。さて、これはそんなシューベルトならではのエピソード。

ある日のこと。シューベルトの歌曲を世に広く知らしめることに貢献した歌手の1人、フォーグルのところへ出向いて、彼の歌の伴奏をしていたシューベルト。突然、こう叫んだそうです。

「これは素晴らしい曲だ！　いったい誰の作曲だ？」
これを聞いたフォーグルさん、驚きましたね。
だって、その曲……。
たった2週間前に、シューベルトが自分で作曲した曲だったたんですから。

何年も前に作曲した曲ならまだしも、たった2週間前に作った自分の曲を忘れているとは……。いかに、彼がインスピレーションによって、「勢い」で作曲していたかがわかりますね。

★マホメットの「すごい奇跡の起こし方」

イスラム教の開祖、マホメット（ムハンマド）のエピソードです。

あるとき、マホメットがこんな宣言をしました。

「○月○日に山を動かしてみせる」

マホメットが奇跡を起こすらしいというウワサは、たちまち町中に広がり、宣言の当日は、たくさんの人が集まりました。

人々を前にして、**「では、これから山を動かしてご覧に入れる」**とマホメット。

山に向かって大声で「おーい、山。こっちへ来い！」と叫びます。当然、山はビクともしません。「おーい、山。こっちへ来い！」ふたたび叫ぶマホメット。もちろん、ピクリとも動かない山。「おーい、山。こっちへ来いって言っているだろう！」さらに叫ぶマホメット。動かない山。まさに、『動かざること山のごとし』。それはそうです、何しろ相手は本物の山ですから（笑）。

3回叫んでも動かない山を見たマホメットは、群衆に向かってこう言いました。

「どうも山はこっちに来てくれないようだ。それなら、こっちから行くしかあるまい」

そう言うと、スタスタと山に向かって歩いて行ってしまったそうです。

この話。もしかしたらマホメットは、民衆に「奇跡は、自分から起こすもの」と言いたかったのかもしれませんね。

チャーチルの「意外な趣味」って？

今でもイギリス国民に絶大な人気を誇る、ウィンストン・チャーチル元首相。

間違いなく20世紀を代表する政治家の1人である、この名宰相《さいしょう》は意外な趣味の持ち主でした。

その趣味とは、**「レンガ積み」**。

イギリスでは、ガーデニングや日曜大工はポピュラーな趣味とはいえ、レンガ積みに特化するとはちょっと変わっていますよね。

ある日のこと。首相官邸の庭のレンガ壁が崩れたのを知ったチャーチルさん、嬉々として自分でそれを直そうとします。すると、レンガ工組合からクレームが。

「レンガの修理をできるのは、レンガ工組合に所属したプロのレンガ積み職人だけです。首相といえども例外は認めません」

それを聞いたチャーチルさん、「ふざけるな！」と怒り出すかと思いきや、あっさりと納得して引き下がります。

しかし、**その日のうちにレンガ工組合に加盟して、プロのレンガ積み職人の資格を取得してしまったそうです。**

どんだけレンガ積みが好きだったんだ、チャーチル……。

心優しきニュートンが、ハエを捕まえたら……

リンゴが木から落ちるのを見て、万有引力を発見したというエピソードで有名なアイザック・ニュートンは、実は数学上の「微分積分法」の発見者でもあります。

そんなニュートンさん、子どものころから数学が大好きだったそうです。

あるときのこと。彼が夢中で計算をしている間に、悪友が彼の弁当を食べてしまったのです。計算を終えて弁当箱を開けたニュートン少年、中身が空なのを見ると、こう言ったとか。

「あっ、計算に夢中になりすぎて、さっき食べたのを忘れた！」

さて、大人になってからのある日。

例によって計算をしていると、1匹のハエが飛び回って、うるさくて集中できません。とうとう、ハエを捕まえたニュートンさん。窓を開けるとそのハエを逃がしてやって、こう言ったと伝えられています。

「世界は2人にとって広すぎるんだから、邪魔しないでおくれ」

織田信長が長男に付けたとんでもない名前

戦国時代、生まれた子どもは、たとえ武将の跡取りであっても、病気や戦《いくさ》で幼くして亡くなることが多くありました。

そのため、生まれてすぐに立派な名前をつけても無駄になってしまう可能性が高いので、子どものうちは適当な「幼名」を付けて、めでたく元服したところで立派な名前を付けるようにした、という説があります。

その幼名。「おかしな名前を付けると、疫病神に魅入《みい》られず無事に育つ」という言い伝えがあって、豊臣秀吉が淀殿《よどどの》との最初の子に「棄《すて》」、次の子に「拾《ひろい》（拾丸《ひろいまる》）」と名付けたのは有名ですよね。棄ちゃんはわずか3歳で病死しますが、拾丸ちゃんはのちの豊臣秀頼《ひでより》です。

さて、秀吉の前に天下取りの第一候補だった織田信長は、長男の織田信忠《のぶただ》に、とんでもない幼名を付けています。

その名も「奇妙丸《きみようまる》」。

命名の理由は「奇妙な顔をしていたから」って、あなた……。

信忠は、信長の生前に家督《かとく》をゆずられていますから、もしかしたら天下を取っていたかもしれない人でしたが、惜しくも本能寺の変のときに父とともに亡くなってしまいました。

勝海舟の、とんでもない「暗殺者撃退法」

幕末に、幕府側の人間でありながら、倒幕派の志士たちとも親交があった勝海舟。

しかし、倒幕派の刺客《しかく》からは、常に命を狙われていました。

海舟を斬るために、彼の屋敷を訪ねた坂本龍馬が、海舟から世界情勢や海軍の必要性についての話を聞くうちに心酔し、その場で弟子になったという話（海舟の回想がもとなので、事実かどうかはわかりませんが）は有名ですね。

そんな勝海舟が、龍馬のように自分を斬るために屋敷にやって来た刺客を撃退する方法はなかなか笑えるものでした。

刺客らしい相手が屋敷にくると、まず**客間に通して長い時間1人にして待たせます。**

イライラしながら待つ刺客。と、その**部屋の卓の上には春画《しゅんが》集（昔のエロ本）が置いてある**ではありませんか！

暇なため、つい眺めていると、ふすまが開き、今度は**美しい小間使いの女性がお茶を運んでくる……**。

そのころにはもう、刺客は「さっきまでの殺気」はどこへやら。勝海舟が客間に入ってくるころにはすっかりやる気（殺《や》る気）を失くして、そうそうに帰っていったそうです。

イソップの「寓話のようなエピソード」

『北風と太陽』『ウサギとカメ』などの話が有名な『イソップ童話』。

その作者のイソップは、アフリカ出身で、古代ギリシアのある市民の奴隷だったといわれています。

話術に長けていたことで、奴隷から解放され、寓話の語り手として各地をめぐったという記録が、ヘロドトスの著書『歴史』の中に残っているのだそうです。

寓話集が最初にまとめられたのは、彼の死後、約200年も経ったあとのことで、その200年の間に本人以外の創作話や民話が数多くまぎれ込んだとのこと。

奴隷時代のイソップには、こんなエピソードがあります。

主人が旅行のときに荷物を持つのは奴隷の役目でしたが、**イソップは他の奴隷たちが「重くてかさばる」ので持ちたがらなかった「食料」の荷物を、自ら進んで持ち、旅の後半には、ヘトヘトになっている他の奴隷たちの横で、すっかり中身が減って（食べたので）軽くなった荷物を余裕で運んでいた**そうです。

先に苦労しておいて、あとからラクをするとは。なんだか、『アリとキリギリス』の寓話を地で行くようなエピソードではありませんか。

大隈重信がいっさい文字を書かなかった理由

2度にわたって日本の首相をつとめた、早稲田大学の創設者でもある大隈重信。その大隈さん、なんと、いっさい文字を書かなかったのだそうです。

もちろん書けなかったわけではありません。大隈さんは佐賀藩の藩校、「弘道館《こうどうかん》」では13〜14歳で進級するところを、10歳で進級したほどの秀才でした。しかし、成績は一番だったのに、字のうまさだけ勝てない相手が1人いたのです。

いくら文字を練習しても、どうしても勝つことができなかった負けず嫌いの大隈さん、そこでこう考えてしまったのです。

「いっそ、文字を書かなければアイツに負けることもない」

そう考えて以来、本当にいっさい文字を書かなくなり、勉強はひたすらに暗記。政治家になってからも、すべて口述筆記で通したのです。

いやはや、意志が強いというか頑固ですよね。

大隈さんの直筆として残っているものは、17歳ごろに寄せ書きした自作漢詩と、明治天皇にあてた本籍移転を承諾する文書という2つのみなのだそうです。

一休さんと新右衛門さんの、笑える「とんち対決」

昔のアニメ『一休さん』に出てきたシンエモンさんこと、蜷川新右衛門《にながわしんえもん》は実在した人物です。アニメでは室町幕府3代将軍の足利義満《あしかがよしみつ》に仕えていましたが、実際には6代義教《よしのり》の家臣。のちに出家し、智蘊《ちうん》と名乗り、連歌の名手としても知られました。なんと一休さんと連歌の掛け合いもしています。

実際に晩年までお付き合いがあった一休さんと新右衛門さんが、タケノコをめぐってとんち合戦をしたという話があります。

まず新右衛門さんが、「お宅の寺からウチの庭にタケノコが生えてきた。武士の庭内に無断で入り込むとは無礼なので切って捨てた」と仕掛けます。

これに対して一休さん、「お手打ちになった罪人の亡《なき》がらを葬ってやりたいので、お引き渡しください」と返す。

するとと新右衛門さん、こう答えたとか。

「いやいや、それには及ばぬ。遺体は我が家の台所で火葬に致した。しかし、衣服だけは、遺族へお返ししよう」

そう言って、タケノコの皮だけを戻してきたそうな。

どこまで本当かはわかりませんが、仲の良い2人がとんち合戦を楽しんでいるのが伝わってくる話ですね。

平民宰相・原敬はラブレターの内容を暴露されて……

日本の第19代内閣総理大臣で、爵位の受け取りを断り続けたことから「平民宰相《へいみん》」と呼ばれた明治・大正期の政治家、原敬《はらたかし》。

最後は東京駅で襲撃され、満65歳にして命を落としてしまいますが、なかなか国民から愛された政治家でした。

上級武士の家柄に生まれ、いくつも勲章をもらっている、この原敬さん。あるとき、某新聞社が、若き日に原さんが書いた熱烈なラブレターの内容を暴露したことがありました。

今なら、いくら政治家でも、単なるプライバシーの侵害ですが、何しろ昭和の前のお話。そのへんはお構いなしだったのですね。

さて。このラブレターについて、「あのラブレターは本物ですか？」と聞かれた平民宰相。あわてず騒がず、平然としてこう言ったのだそうです。

「なーに、あれはまだ、それほどのものじゃないさ。もっとすごいのも、探せばまだいくらでも出てくるはずだ」

良い悪いは別にして、肝がすわっていますね。

鉄血宰相・ビスマルクの機転？

かつて、「鉄血《てっけつ》宰相」と呼ばれたドイツの政治家、ビスマルク。性格は頑固で、周りの人からは嫌われていたようですが、あっという間にドイツを統一した政治力は高く評価されています。

さて。これは、そんなビスマルクがまだ若かったころ、友人とハンティングに出かけたときの話。

2人で狩猟を楽しんでいるとき、この友人が誤って沼に落ちてしまったのです。泳げない友人は溺れながら、必死になってビスマルクに助けを求めます。

しかし、ビスマルクはあわてる様子もなく、友人に向けてこう言ったのです。

「残念だが、私も泳げないんだ。君を助けようとすれば私も溺れ死んでしまう。どうすることもできないが、君が苦しんで死ぬのをここで見ているのは忍びない。だから、せめて、ひと思いにラクにしてあげよう」

そして、持っていた猟銃を友人に向けてかまえ、狙いを定めるではありませんか！

驚いたのは溺れていた友人です。撃たれてはたまらないので、それこそ死に物狂いで泳ぎ、なんとか沼から脱出することができたのです。

その姿を見たビスマルク。ニヤニヤしながら友人に言ったそうです。

「ほら、助かった。人間、必死になればなんとかなるものだろ」

★友人が急きょ決めたサザンオールスターズの名

日本を代表するバンド、サザンオールスターズ。

このバンド名を考えたのは、桑田佳祐さんでも他のメンバーでもなく、桑田さんの青山学院大学時代の友人でした。

実は、桑田さん、この友人にバンドデビューのパンフレットの印刷をお願いしたのですが、肝心のバンド名を伝えていなかったのです。

それで、印刷納期が近づいて、**あわてたその友人が、当時、桑田さんが好きだった音楽のジャンル「サザン・ロック（カントリーやブルースなどアメリカ南部の音楽の雰囲気を持つロック）」と、当時来日していたサルサグループの「ファニア・オールスターズ」を組み合わせて「サザンオールスターズ」という名前を入浴中に思いついて、そのまま使ってしまった**という次第。

そもそも、サザンはそれまでに「温泉あんまももひきバンド」「ピストン桑田とシリンダーズ」「桑田佳祐とヒッチコック劇場」などと、しょっちゅう名前を変えていました。桑田さんにとっては、バンド名にそれほどのこだわりはなかったようです。

有吉弘行が「得意の毒舌」を言わない番組

キレのよい毒舌で、司会者として引っ張りだこの有吉弘行《ありよしひろいき》さん。この有吉さんが2つのキャラクターを使い分けていることをご存じでしょうか？

1つは毒舌全開の素顔の有吉さん。そして、もう1つは毒舌を封印したソフト有吉。そんなキャラの使い分けのきっかけは、大ブレークする数年前のある失敗でした。

休日の夕方のほのぼのとした情報番組で、有吉さんはレギュラーに抜擢され、第1回の出演では、結婚式会場からのレポートを担当しました。その日に式をあげる本物の素人カップルの花嫁さんと有吉さんが腕を組んで登場し、スタジオとやり取りするという段取りです。

そして、生本番。ウエディングドレスの花嫁と腕を組む有吉さんに、司会者が「花嫁さんの横にいるのは、有吉さんです！」と振ったとき、有吉さんは、つい、いつものノリでこう言ってしまったのです。

「冗談じゃないっすよ、こんなブス！」

言った瞬間に、有吉さんはスタジオが凍りつくのがわかったそうです。曰く。「僕の発言は核心をズバッと突きすぎました。だって本当にブスだったんです」

新レギュラーのはずだった有吉さんが番組に呼ばれることは二度とありませんでした。**以来、彼は「毒舌キャラ」と、ゴールデンやファミリー向け番組用の「毒舌封印キャラ」を使い分けるようになった**のです。

子どものころの高倉健さんが「首にかけた注意書き」

映画でシブイ男を演じ続けた大スター、高倉健。

第1回日本アカデミー賞の最優秀主演男優賞を映画『幸福の黄色いハンカチ』（山田洋次監督）で受賞したのも健さんでした。

スクリーンの中だけでなく、そのエピソードはカッコイイものばかりで、まさに男の中の男というイメージです。

しかし、そんな健さん、子どものころは意外にも体が弱くて、病弱。女の子にまでいじめられて泣くような弱虫でした。

少しでも食べ過ぎると、すぐにお腹を壊して下痢《げり》をしてしまうため、とうとう、首から、注意書きが書かれた札を下げていたとか。

その札には、こんな言葉が書かれていたそうです。

「この子に食べ物をやらないでください」

そんな、ヨワヨワな子どもだった健さんも、旧制中学で合気道、高校ではボクシングと体を鍛え、あんなカッコイイ男になっていったのでした。

ソクラテスが処刑の前に言った「さすがのひと言」

古代ギリシアの哲学者ソクラテス。

彼の最期は、不当な判決による処刑でした。

アテネの若者たちを堕落させるようなニセの神の教えを説いたとイチャモンを付けられ、「毒を飲んで死になさい」という命令を受けたのです。

弟子たちは「そんな判決に従うことはない」と主張しましたが、ソクラテスは、いくらでも逃げる機会があったにもかかわらず、あえて逃げることをせず、「悪法も法である」という有名な言葉を残して、法に従ったのです。

ソクラテスの奥さんは、「はじめに」でお話ししたように、クサンティッペという名の悪妻ですが、ソクラテスの処刑が決まると嘆き悲しんだと伝わっています。

そして、判決を受け入れたソクラテスに対して、

「あなたは、不当に処刑されてしまうのよ！　それでもいいの？」

と訴えたそうです。

しかし、その妻の言葉に対して、当のソクラテスはこんなことを言ったのだそうです。

「それでは、おまえは、私が正当な理由で処刑されるほうがいいのかね？」

名言付カレンダーで儲けた意外な人物

書店に行くと、たくさんの「名言付カレンダー」を売っています。

なかには、「えっ？　こんな人も？」と思うようなタレントまで、1日に1つの名言が入った日めくりカレンダーを出していたりします。

実は、歴史上の人物で、自らの手で「自分の名言を入れたカレンダー」を売り出して大儲けをした人物がいます。

その人物とは、先にも登場した18世紀のアメリカで多岐《たき》にわたって活躍したベンジャミン・フランクリン。

彼は、貧乏で苦労した経験を活かして、**自分で考えた格言・教訓を集めた『貧しいリチャードの暦《こよみ》』というカレンダーを売り出して大儲け**しているのです。

庶民がなかなか本を買えない時代。役に立つ格言・名言付のカレンダーは大ヒット。年に1万部も売れたそうです。

ちなみに**彼の名言、「時は金なり」も、このカレンダーに収録**されていました。

「最期の言葉」が謎に包まれている偉人

偉人がこの世を去る前の最期の言葉というものは、本当にそう言ったかどうかは別として、何かしら残っているもの。しかし、なかには、ちゃんと最期の言葉を言ったにもかかわらず、何を言ったのかが謎のままになっている偉人もいるのです。

不幸にして、**最期の言葉が「謎」になってしまった偉人。それは、20世紀が生んだ大天才の1人、アルベルト・アインシュタイン**でした。

アインシュタインは1955年に76歳で亡くなっています。彼がアメリカのプリンストン病院に入院したのは4月15日のこと。手術を勧められましたが、これを拒否。病室に実験の道具を運ばせていたといいますから、まだまだヤル気満々だったはずなのですが、入院後、わずか3日後の4月18日には亡くなってしまいました。

このとき、最期の言葉をドイツ語でしゃべったのですが、そばにいた看護師がアメリカ人だったために、何を言ったのか理解できず、彼の最後のメッセージは「永遠の謎」になってしまったのです。

英語も話せた彼はどうしてアメリカ人看護師にわざわざドイツ語で話したのでしょう？　私には、ジョーク好きの彼が最後に残した、「自分の最期の言葉を謎にする」というジョークだったように思えるのですが、いかがでしょう？

4章

知れば倍、おいしくなる「食べ物」の雑学

「生卵orゆで卵」は、どうすれば見分けられる？

お刺身に、どうして菊の花を飾るの？

居酒屋とかで刺身の盛り合わせを頼むと、菊の花が添えられていることがありますよね。あれ、いったい何のためかご存じですか？

もちろん、彩りを豊かにするという意味はあります。

でも、もう1つ重要な意味があるのです。

実はあの菊の花。**殺菌のために添えられている**のです。

菊の花には「グルタチオン」という成分が含まれていて、それに殺菌効果があるのですね。ワサビも大根も殺菌作用があるので、同じ理由で刺身に添えられているのです。あっ、大根にはもちろん消化を助ける効果もあります。

昔、冷蔵技術が発達していなかったころは、食中毒を防ぐ意味合いが強かったのですね。

ちなみに、刺身に添えられている菊は食用菊なので、もちろん食べることができます。よく、あの菊の花びらを醤油に浮かべて、粋に香りを楽しみながら刺身と一緒に食べる人がいますよね。

もちろん、パクリと全部食べてしまってもOKです。ただ、芯の部分はそれほど美味しくはありません（笑）。

お子様ランチの旗を立てたのは誰？

ハンバーグ、エビフライ、タコさんウインナー、オムレツ、そして、山型に盛られたケチャップライスの上にそびえる日の丸の旗……。

子どものころ、あなたもファミレスの「お子様ランチ」に胸躍らせたのではないでしょうか。

この「お子様ランチ」が登場したのは、1930（昭和5）年、東京日本橋の三越百貨店でのこと。当時の主任コックだった安藤太郎さんが、「子どもたちに夢のある食事を出したい」との思いから考案し、「御子様洋食」という名でメニューに加えたのが最

初でした。

このとき、**登山好きだった安藤さんが、登山家が征服した山に立てる「登山旗」にヒントを得て、ケチャップライスの上に日の丸の旗を立てた**のです。

ちなみに、この元祖の流れを受け継ぐ「お子様ランチ」は、現在も日本橋三越本店新館5階のカフェ&レストラン『ランドマーク』で賞味することができます（大人でもオーダー可能！）。ドライアイスの煙がもくもくとわく蒸気機関車形のプレートに、エビフライ、ソーセージ、ナポリタン、ハンバーグ、ポテトが並び、ケチャップライスと白米で富士山型に盛られたライスの上には、日の丸ならぬ、三越デパートのロゴマーク入りの旗がちゃんと立てられています。

? 「生卵 or ゆで卵」は、どうすれば見分けられる？

ゆで卵だと思って、おでこでカラにヒビを入れようとしたら、生卵で顔にベチャ。コメディ漫画に出てきそうなネタですね。

あれ、カラを割らずに生卵かゆで卵かを見分ける方法ってあるのでしょうか?

実は、とても簡単な方法があるのです。

それは、**卵を横にしてまわす**。たったこれだけ。

生卵は黄身と白身が分かれているので、回転しにくい。逆に、ゆで卵は全体が固まって一体になっているので、よくまわるというわけです。

ちなみに、生卵が腐っているかどうかは、水に浮かべればわかります。

新鮮な卵は水に沈み、腐って内部に空気がたまっている卵は水に浮くからです。

ただ、腐っている卵も、まれに水に沈むことがあるので、カラを割ってみて、黄身がくずれていたり、イオウのような匂いがするものは食べないほうが身のためです。

おめでたいとき、なぜ赤飯を食べるの?

おめでたいことがあったときに食べる「赤飯」。

あの赤い色は赤飯の中に入っている「ササゲ」という豆の煮汁の色です。

ササゲは漢字で「大角豆」とも書くアフリカ原産の植物。最近では、小豆《あずき》で代用されることも多いようですが、昔の武士は、小豆は煮ると皮が破れやすいことから、「腹切れする小豆は切腹に通じる」として、これを嫌ったのです。

さて、ではどうして、「おめでたいとき」に赤飯を作るようになったのでしょう。

実は、**赤飯の起源は「赤米《あかまい》」という赤い色をした米**だといわれています。この赤米、東南アジア原産で、日本では、稲作が始まったころから栽培していたという原始的な品種。もともとは、ご先祖様を祀って**お祝いをする日に、これを炊いてお供えしていたのです。**

ところが、時代が進むにつれて、この赤米が手に入りにくくなったことから、ササゲの煮汁で白米に色をつけて赤米の代用にするようになった、というわけです。

一時期は全国でわずかに生産されるだけになった赤米ですが、最近は「古代人が食べていた栄養価豊かな米」として人気が出て生産量が増えているとのこと。お祝いの日には、赤飯ではなく赤米を炊くという逆転劇が起こるかもしれませんね。

★清酒誕生のきっかけは、「いやがらせ」だった!?

その昔、日本酒はいわゆる「にごり酒」ばかりでした。現在の透き通ったお酒のことは、にごり酒に対して「清酒」といいますよね。実はこの「清酒」。ある男の「いやがらせ」がきっかけで誕生したという話があります。

江戸時代のこと、日本酒造りをしていた鴻池善右衛門《こうのいけぜんえもん》という人が、しくじりをした使用人の男をやめさせました。

やめさせられたこの男、善右衛門さんを逆恨みして、蔵の中にある酒樽の中に火鉢の灰をぶち込んで出ていったのです。酒を台無しにしようと思ったのですね。

さあ、灰でにごった樽の中の酒を見て、困ったのは善右衛門さんです。

どうしたものかと、ひと晩考えましたが解決策は浮かびません。

仕方なくあきらめて、翌朝、にごった酒を捨てようと思って樽の中をのぞいて驚きました。

なんと、すべて透き通ったお酒になっているではありませんか。

もちろん、それは**灰があく抜きをしてくれて、にごり酒のにごりが取れた**のですが、当時は大発見だったわけです。

それ以後、善右衛門さんはこの製法を研究し、透き通ったお酒を売り出して豪商になったのです。なんだか、後付けの創作話のような気もしますが、面白い話です。

人気のお酒『獺祭』の「だっさい」って何?

贈り物にも喜ばれる人気の日本酒、『獺祭《だっさい》』。

えらくムズカシイ名前ですよね。そもそも「獺祭」って何なのでしょう。

「獺祭」の「獺」とは、カワウソのこと。実はこのカワウソ、自分が捕らえた獲物の魚を岸に並べるという面白い習性があって、この姿がまるで、人間が神様に捧げものをして祭祀《さいし》を行なっているように見えるということで、カワウソの祀《まつ》り＝「獺祭」という言葉が生まれたのです。

さらに、中国唐代の詩人、李商隠《りしょういん》という人が、尊敬する詩人の作品を短冊に書き、それを自分の左右に並べながら詩を考えたという故事があり、そこから転じて、この「獺祭」という言葉、「人が詩や文を作るときに、かたわらに先人の文や資料をたくさん広げている姿」のことを意味するようになっているのです。

さて、日本酒の『獺祭』の名前の由来ですが、製造元の旭酒造株式会社のＨＰにはこんな説明が書かれています。

「弊社の所在地である獺越《おそごえ》（山口県岩国市周東町獺越）の地名の由来は『川上村に古い獺がいて、子供を化かして当村まで追越してきた』ので獺越と称するようになったといわれておりますが、この**地名から一字をとって銘柄を『獺祭』と命名**しております」

つまり「獺」という字を使いたいという思いが先にあって、それなら故事にもある言葉、「獺祭」がよかろう……と考えて決まったということなのですね。

『ロマネ・コンティ』はなぜ高い？

高額ワインの代名詞とも言える、フランスのワイン『ロマネ・コンティ』。

1本で200万円超えもザラですから自動車並みの値段です。

いったいどうして、そんな値段がつくのでしょう?

その理由の1つ目は**「畑が狭く生産量が少ない」**こと。フランス・ブルゴーニュ地方のヴォーヌ・ロマネ村にある『ロマネ・コンティ』のブドウ畑は、たった1・81ヘクタール。ざっといえば134メートル四方の土地。ここで年に6000本程度しか作られません。

ちなみに有名な『シャトー・マルゴー』の畑は82ヘクタールで、1年の生産数は約35万本ですから、『ロマネ・コンティ』がいかに狭い畑で作られ生産数が少ないかがわかります。

理由の2つ目は**「ブランドとして人気が高い」**こと。高級ワイン=『ロマネ・コンティ』は世界的に人気で、お金持ちがこぞって買うので値段も高くなります。

理由の3つ目は「生産コストが高い」こと。

たとえば、ブドウの収穫は、すべて手摘みです。かつてそのドキュメンタリーフィルムを見たことがありますが、ブドウの味が落ちないように、収穫は早朝に人海戦術でごく短時間で実施。

しかもその際、朝露《あさつゆ》がブドウについて水っぽくなるのを防ぐために、収穫の直前にヘリコプターを飛ばして一気に朝露を払っていました。

この異常なまでの品質へのこだわりが、世界一のワインの地位を守っているのですね。

『柿の種』は、ある失敗から生まれた？

新潟県長岡市にある「浪花屋製菓《なにわや》」をご存じですか？

たぶん、ピンと来ないですよね。でも、同社が元祖の名菓、『柿《かき》の種《たね》』はご存じでしょう。ピーナッツ入りの柿の種をビールのお供に晩酌《ばんしゃく》、という方も多いでしょう。

『柿の種』といえば、あの独特の形ですよね。

でも、実はあの形、偶然の産物でした。

創業者の今井《いまい》與《よ》三郎《さぶろう》さんの奥さんが、あられの型をくりぬくときに使っていた**小判型の金型を、うっかり踏みつぶしてしまった**のがそのきっかけ。

きれいな小判型が歪《ゆが》んでしまい、直すこともできず、仕方なく歪んだ金型をそのまま使用したら、微妙なあの形のあられが誕生したというわけです。

できあがったあられの形が「柿の種に似ている」と言われたことをヒントに、大正13年に『柿の種』という名前で売り出してみたら、これが思わぬヒット。100年近く続くロングセラー商品になるのですからわからないものです。

歪んだ金型を見た與三郎さんが、「おっ、この微妙なカーブ、いいね～♪」と思ったかどうかは知りませんが、「まあ、使えるか」と思った、ポジティブ思考の勝利ですね。

サンマの「ワタ」が美味しいのには、理由がある！

詩人の佐藤春夫が、その味について「秋刀魚《さんま》の歌」の中で、「苦いか塩《しょ》っぱいか」と表現したサンマ。

詩の通り、サンマの「ワタ（はらわた）」には独特の苦みがあって美味しいものですよね。

そういえば水島新司《みずしましんじ》の漫画『ドカベン』に出てくるキャラクター、岩鬼《いわき》はサンマが大好きで、焼いたものを丸ごと頭からバリバリ食べていましたっけ。

タイとアジなどの内臓は苦すぎて食べられないので調理するときに取り除くのに、どうしてサンマのワタは美味しいのでしょう？

実は**サンマには、胃がない**のです。

そのため、腸でも消化しやすい動物性プランクトンが主食。しかも、**食べたものが30分くらいで排出されるので内臓にえぐみが残らない**のです。

一方、胃がある魚、たとえばタイは食べたエサの消化に10時間、アジにいたっては36時間もかかるため、えぐみが残って内臓が苦くなってしまうという次第。

こうした胃のない魚を「無胃魚《むいぎょ》」といい、サンマの他では、コイ、イワシ、ベラ、ブダイ、トビウオ、メダカ、金魚も無胃魚です。

公園の池にいるコイが、エサを持っている人影にジャンジャン寄ってくるのは、食べたものをすぐに出してしまうために、いつも腹ペコ状態だからなのです。

焼き鳥の「かしら」は、どこの肉？

お酒好きにとって、焼き鳥で一杯というのは至福のときでしょう。

焼き肉もそうですが、ハツ（心臓）とかレバー（肝臓）とか、焼き鳥には各部位に名前があります。皮、手羽などはそのまま。正肉はももや胸の肉。ぼんじりは尾骨の周りの肉。ナンコツは胸骨の先端。他にも、せせり（首）やさえずり（食道）など、マニアックな部位もあります。

あっ、ハラミは、牛肉の場合は横隔膜《おうかくまく》のことですが、鶏には横隔膜がないので、腹《ふく》膜《まく》のことをいいます。

では、質問。

焼き鳥屋のメニューにある「かしら」って、鶏のどこの部分の肉でしょう？

「かしら」といってもトサカではありません。トサカのことは「かんむり」と呼びます。

答えは……。どこの肉でもありません！

なぜなら**「かしら」は鶏肉ではなく豚肉**なのですから。

豚のほほとこめかみの肉のことを焼き鳥屋で「かしら」と呼んでいるのです。

ちなみに「シロ」も豚の大腸の肉。うーむ。しれっと焼きトンが混ざっていたとは。

なお、焼き鳥屋さんの看板に「やきとり」とひらがな表記が多いのは「鶏肉だけじゃないことに気を使っている」という説もあります。

寿司屋の湯のみはなぜ大きい？

寿司屋で出てくるお茶の湯のみって、厚手で大きいですよね。

店によっては魚偏《うおへん》の漢字がたくさんプリントされていて、クイズを趣味にしているとつい、「この字はなんて読むんだっけ？」などと考えてしまうものです（苦笑）。

ところで、あの大きい湯のみって、寿司屋以外ではあまり見かけませんよね。

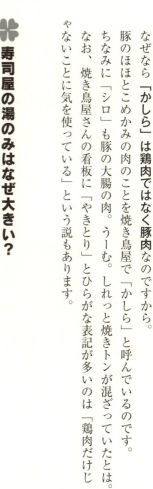

どうして、寿司屋だけが、あんなに大きな湯のみを使うことが多いのでしょう。

実は理由は大きく3つあります。

①前のタネの油分を消して次のタネを味わってもらうために、熱いお茶を出す必要があり、厚手の湯のみのほうが持つときに手が熱くならないし、お茶も冷めにくい。

②寿司屋はもともと露店の屋台だったため、たった1人で忙しい主人が何度もお茶を出さなくてもよいように大きい湯のみにした。

③昔のお客は、寿司を素手で食べ、最後に湯のみで指先を洗って、のれんで手を拭《ふ》いていったので、大きい湯のみのほうが指を洗いやすかった。

理由のうち、②と③は現代の寿司屋にとっては関係のない理由ですね。

まさか今どき、寿司屋の湯のみで指先を洗って、のれんで拭いて帰っていく人はいないでしょう。

でも、昔はそれが普通で、「のれんがお客の手あかで汚れている」のは、美味しい寿司屋の証《あか》しだったのだそうです。

カップかき氷の側面はなぜ波型？

夏に美味しいかき氷。

でも、ちゃんとしたお店に入って食べると、それなりにイイお値段です。

その点、市販のカップかき氷は安くていいですよね。

そんな市販のカップかき氷を見て、あなたは疑問に思ったことはありませんか？

普通のアイスのカップと違って、どうしてかき氷の容器だけ、側面が波型になっているのでしょうか？

実はあれ、波型でないと、ある問題が生じるのです。

もし、あの波がないカップに入ったかき氷を、買ったときについてくる木のヘラのようなスプーンで食べ始めると、溶け始めたかき氷が回転してしまって食べにくくなってしまうのです。

そのため、**波をつけて、かき氷が回転するのを防いでいる**という次第。

お店で食べるような、削りたてのサラサラのかき氷と違って、カップだとひと塊《かたまり》になってしまうので、どうしても回転してしまうのですね。

「飲んだ泡盛」を減らさない方法

お米から作られる沖縄のお酒、泡盛《あわもり》。その泡盛の中でも、3年以上熟成させたものは「古酒（クース）」と呼ばれて珍重されています。

泡盛は、たとえばビンやカメに詰めたあとも熟成が進むので、昔の沖縄の上流階級のお屋敷では、年ごとの泡盛が詰められたビンが並んだ「古酒蔵」があり、その蔵の鍵は厳重に保管されていたそうです。

沖縄には、そんなにも貴重な古酒を減らさないための魔法のような知恵があります。それは**「仕次《しつ》ぎ」**と呼ばれている、次のようなものです。

たとえば、大切なお客をもてなすために、10年ものの古酒のカメから200㏄を飲んでしまったとき。減った10年もののカメに9年もののカメから200㏄をつぎ足しておくのです。そして、9年もののカメには8年もののカメから200㏄を、8年もののカメには7年もののカメから200ccを……と、**順送りでつぎ足していき、最後の3年もののカメには、新しい泡盛を200ccつぎ足せば完了。**200cc飲んだはずなのに、見た目はまったく減っていない、というわけです。

もちろん、10年もののカメの半分をイッキに飲んでしまったら台無しですが、そこは考えながら飲むというわけですね。

ウナギはなぜ、腹は白いのに背中は黒い？

ウナギは血液の中に、「イクシオトキシン」という毒を持っていることから、普通、刺身では食べずに白焼きやかば焼きにして食べます。これは、その毒が熱に弱く、加熱することで消えてしまうからです。

「イクシオトキシン」はそれほど強い毒ではなく、食中毒を起こす程度のものなので、フグの料理人のように特別な免許も要らないし、店によっては徹底的に血抜きをしてウナギの刺身を出すところもあります。

さて、あのウナギ、お腹は白いのに、背中は黒ずんでいますよね。

あの色は生まれつきではなく、海で過ごす稚魚《ちぎょ》のときは全身が白っぽく、ほぼ透明な色をしています。それが成長して、川をさかのぼるころから背中がどんどん黒ずんでくるのです。

そうです。つまり、実はあれ、**ただの日焼け**なのです。

何しろ、ウナギくん、太陽の光が届かない深い海（ニホンウナギの生まれ故郷は世界一深いマリアナ海溝《かいこう》！）で生まれたのに、大人になってから浅い川をさかのぼりますから紫外線に慣れていません。

そのため、**陽に当たる背中の色を黒くして、紫外線から体を守っている**というわけなのです。

ウナギの皮のあの独特の色。日焼けしたものだと知って食べると、また美味しさも増すというものです（でもないか……）。

★プロの料理人が意識する「メイラード反応」とは？

あなたは「メイラード反応」という言葉をお聞きになったことがありますか？

「そんな言葉、聞いたこともない」というあなたも、このメイラード反応、実は結構、目にしていると思います。たとえば……。

- **肉を焼くと色が変わって香ばしい香りが立つ**
- **玉ねぎを炒めるとアメ色になる**
- **パンやご飯におこげができる**
- **コーヒー豆を焙煎《ばいせん》する**

これらはすべて、「メイラード反応」による現象です。

とても難しくいえば、「還元糖《かんげんとう》とアミノ化合物（アミノ酸、ペプチド及びタンパク質）を加熱したときなどに見られる、褐色物質（メラノイジン）を生み出す反応のこと」。とても簡単にいえば、「食品を加熱したときに色が茶色になっていい香りがすること」。

呼び名は、この現象を研究したフランスの科学者、ルイ・カミーユ・メヤール（英語読みはメイラード）からのものです。

いずれにしても、プロの料理人はこの「メイラード反応」を意識することで、美味しい料理を作ってくれているというわけです。

ご飯のことを「めし」という理由

昔は、寡黙《かもく》で亭主関白な夫のことを「家では、『めし』と『風呂』と『寝る』しか言わない」なんて表現しました。今どき、そんな勘違い亭主はすぐに離婚されて、「めし」も「風呂」も自分で用意しなくてはならなくなるでしょう。

と、そんな話はともかく、なぜ、ご飯のことを「めし」と呼ぶのでしょう？

そもそも、精米についての記述が日本で最初に登場するのは、『日本書紀』。そして、貴族の間で白米を食べる習慣が定着したのは平城京の時代だといわれています。

もちろん、このころ、**白米は贅沢品**。

当時、貴族に仕えていた召使いたちは、白米のことを**「主人が召し上がるもの」**という意味で「召し物」と呼んでいました。

はい。もうおわかりですね。この**「召し物」**が、**「めし」になった**というわけです。

大衆食堂で、「店員さん、めし、お代わり！」と、今ではくだけた感じで使う「めし」という言葉。「召し上がるもの」が語源とわかれば、「店員さん、めし、お代わりでおじゃる」と言いたくなりますね……って、ならないか。

5章

「死んだフリ」がうますぎる小動物がいる!?

もはや笑うしかない!「ざんねんな話」の雑学

！ かつて、ヨーロッパで女性に道路側を歩かせた理由

トイレで用を足したあと、レバーをひねれば排泄物はジャーッと流れていきます。私たちは慣れっこで、当たり前になっていますが、これ、考えてみるとすごいことですよね。町中の建物や家という家のトイレが、すべて下水道へとつながっているからこそ実現している奇跡のような便利さです。

この水洗トイレがなかった時代。

たとえば、１８００年代のパリなどでは、まだ下水道が完備されていなかった……というより、トイレそのものがなかったので、人々は「おまる」で用を足していました。で、「おまる」にたまったモノは、「水に注意！」なんて叫んで、窓から外の道路へ捨てていたのです。

そのため、当時のパリでは、男女が並んで道を歩くときは、**家の窓から突然に降って来る汚物から女性を守るため、男性が建物側を歩き、女性には道路側を歩いてもらうのがエチケットだった**そうです。

ヨーロッパの女性たちの間でハイヒールが浸透した理由も、もちろん第一はファッションですが、道路の汚物を避けて靴やドレスが汚れないようにするためだったという説もあるのです。

昔の映画で、ターザンがワニに勝てた理由

昔、映画か海外テレビドラマか何かで、ターザンが……というよりターザンを演じている俳優が、ワニと格闘しているシーンを見たことがあります。

ワニの口が開かないように手で押さえて、格闘をしているのですが、当時はもちろんCGなんてありませんから、本物のワニとガチンコで戦っているわけです。ワニがプロの役者で、本番が終わったら「はい、おつかれさまー」というわけにはいきません。役者にとっては命がけのガチンコの撮影ですよね。

それにしても、ワニの口が開かないように手で押さえつけるとは、とんでもない怪力……と、思ったのですが、あれには実はカラクリがあったのです。

実は**ワニって、モノを噛む力はものすごく強いのに、口を開ける力は驚くほど弱い**のです。

世界最大といわれるイリエワニでも、口を開ける力は30キログラムといわれていて、女性でもなんとか押さえられる程度の強さしかないのです（成人女性の握力の平均値は25～30キログラム）。

ちなみに、ワニに噛まれたときは、ワニのノドの奥にある口蓋《こうがい》弁《べん》というノドちんこのような部分を引っぱり、舌のほうに押しつける。すると、ノドに水が流れ込むので、ワニはあわてて口を開いて噛んでいたものを吐き出すそうです。

ワニに噛まれたときは、ぜひ、試してみてください（笑）。

「カウボーイの死因ナンバー1」がざんねんすぎる件

アメリカの開拓時代を舞台にした、いわゆる「西部劇」とは、1849年にカリフォルニアで金が見つかって白人が押し寄せてから、しばらく経った1850年代後半から30年間くらいを舞台にした物語です。

駅馬車が先住民に襲われたり、ガンマン同士が決闘をしたり、悪漢が現われたりと、私たちがイメージしている西部劇の世界が展開された時代ですね。

さて。

そんな当時、腰に銃を下げ、テンガロンハットをかぶったカウボーイたちの「死因ナンバー1」はどんなことだったと思いますか？

先住民との闘い？

いえいえ、違います。

カウボーイ同士の決闘？

いやいや、とんでもない。

答えは――**馬にまたがるときに足をかける「あぶみ」の部分に、足がからまってしまい、そのまま走る馬に引きずられて死亡。**

それがカウボーイの死因のナンバー1だったそうです。

『最後の一葉』の作者O・ヘンリーには前科があった

『最後の一葉』『賢者の贈り物』など、短編小説の名手として知られたアメリカの作家、O・ヘンリー。

ヒューマニズムに満ちた名作が多い人気作家ですが、その私生活は、本名であるウィリアム・シドニー・ポーターの名を隠した、ひっそりとしたものでした。

実は彼、**もとの勤め先だった銀行のお金を横領した罪で、刑務所に3年間も服役していたことがあった**のです。

疑いをかけられて、1度は妻子を置いて逃亡したものの、奥さんの病気の報に触れて帰宅したところを逮捕。

この獄中から、禁を犯して新聞社や雑誌社に短編小説を送り、3つの作品が服役期間中に出版されたこともありました。

この「前科」は彼にとってコンプレックスだったらしく、本名を公表しなかっただけでなく、**どんなに売れっ子作家になっても住所は非公開。出版社とのやり取りも、**

信用できる友人を通して行なっていたそうです。

ちなみに、銀行のお金の横領については、本人が真実を語らないまま判決に服したので、真相は闇の中。なんだか、そのまま小説になりそうな話です。

「死んだフリ」がうますぎる小動物がいる!?

アメリカやオーストラリアに分布する有袋《ゆうたい》類で、フクロネズミ、コモリネズミの別名があるオポッサム。妊娠期間は約2週間と短いうえに、1度に20匹もの子どもを産みますが、生き残ることができるのはそのうちの半分以下といわれています。

親が子どもを何頭も背中に乗せて移動する習性があり、その姿はCMのオファーがあってもいいくらいの可愛さ。

さて、このオポッサム。**コヨーテやキツネなどに襲われたとき、死んだフリをする**ことで知られています。

これが、もうコロンという感じで倒れて、あとはもう目と口を半開きにしてピクリとも動かない本格的な演技力。しかも、種類によっては、死臭まで出すのですから、人間でも騙《だま》されてしまいます。

オポッサムが死んだフリをするのは、彼らの敵の多くが、死んだ動物の肉はあまり食べないから。「んっ？　死んでるのかな」と思って、食べずにいってしまうのを待つわけですね。

しかし、**運悪く相手が腹ペコだと、いくら死んだフリをしていても食べられてしまうこともあり、本当にご臨終になる**そうです。

亀の寿命は、本当に「万年」？

古い小噺《こばなし》です。

じっと池の亀を見ている男がいるので、通りかかった男が聞いた。

「ジッと亀を見つめて、いったい何をやっているんだい？」

「いやなに、本当に万年生きるかどうか、確かめてやろうと思ってね」

「おまえさん、万年生きるつもりかい？」

「鶴は千年、亀は万年」といいますが、亀って本当に長生きなのでしょうか？

昔、縁日の亀すくいに出ていたミドリガメなど、小型の亀の寿命は20～30年くらい。

私の知人には、縁日で手に入れた小さな亀を大きくなるまで育てた人がいます。

これがウミガメになると、グッと寿命が延びて30～50年。そして、**ゾウガメに至っては180年を超える**〝長寿亀〟の記録がいくつも残っています。

万年とまではいかないでしょうが、やはりウワサ通り亀は長生きなのですね。

亀が長生きする理由としては、「冬眠・夏眠《かみん》をする」「代謝がおだやかでエネルギー消費量が少ない」などが挙げられています。

徳川綱吉にフンをかけた鳥はどうなった？

江戸幕府の5代将軍・徳川綱吉が出した「生類《しょうるい》憐《あわれ》みの令」は、現代ではそれほどの悪法ではなかったといわれています。

むしろ、斬り捨て御免や口減らしのための子どもの間引《まび》きなど、人命軽視をなんとも思わなかった、それまでの日本の風潮を変えさせたきっかけとして評価する見方も多くなっているのです。

そもそも「生類憐みの令」の本質は、人間の子どもを対象にした「捨て子禁止令」であり、イヌだけを過度に大切にするお触れではありませんでした。

また、住民も「厳守して苦しんでいた」わけではなく、地方ではほとんど無視していたり、魚釣りは大っぴらにやらなかったりした程度など、その取り組みはかなりいい加減。

逆にあまり守られないからこそ25年間に130回もお触れを出していたわけです。

さて。そんな時代、綱吉が花見をしているとき、綱吉にフンをかけた鳥が捕まえられたことがありました。

綱吉は腹を立てましたが、「生類憐みの令」の手前、殺すわけにもいかず、結局、**牢に監禁したのち、八丈島に運んで放すという「島流し」にした**そうです。

★花火の掛け声で有名な「玉屋」のセンチメンタルな話

隅田川の花火大会は、その昔は「両国の川開き」と呼ばれ、その歴史は江戸時代の1733年にまでさかのぼります。実は前年の「享保《きょうほう》の飢饉《ききん》」の犠牲者の慰霊のために、隅田川で水神祭を行なった際に花火を打ち上げたのがその始まりです。

さて、このときに大活躍したのが、花火の「鍵屋」の6代目弥兵衛《やへえ》さん。打ち上げ花火というと、「たーまやー！」の掛け声でお馴染みの「玉屋」が有名ですが、初期の両国の花火は「鍵屋」の独壇場でした……と言うより、そもそも「玉屋」は、「鍵屋」からのれん分けを許された番頭さんが両国吉川町で玉屋市兵《いちべ》衛《え》を名乗り1808年に開業したものだったのです。

両国の川開きでは、上流で「玉屋」、下流で「鍵屋」が花火を打ち上げて花火のワザを競い合い、それぞれを応援する見物客が、「たーまやー！」「かーぎやー！」と応援の声を上げたのですね。

ところが、実力、人気ともに師匠の「鍵屋」をしのぐほどだった玉屋さん、**1843年に火事を出してしまい、江戸から追放、花火師は一代限り、わずか35年間で幕を閉じてしまったのです。**

毎年、花火の子弟対決を楽しみにしていた江戸の庶民は大いに悲しみ、「たまや～」の掛け声だけが、今でも引き継がれているというのですから、面白いものです。

ちなみに、老舗で火事も出さなかった「鍵屋」のほうは、現在も健在です。

明治時代に1か月で28万人を集めた「奇獣」とは？

ときは1907（明治40）年。

上野動物園は、ドイツからある動物2頭を1頭8000円で購入しました。

当時は、2000円で庭付きの豪邸が買えたという時代。いかに高価な買い物だったかがわかります。

この動物、横浜港に着いてから鉄道で運ぼうとしたものの、あまりにも大きくて、途中のトンネルを抜けられないことが判明。船によってゆらゆらと浜町《はまちょう》河岸へ輸送して、そこから貨車で上野動物園まで運ばれました。

その道すがら、天下の奇獣を目撃した人たちの口コミもあって、上野動物園はたったの1カ月で28万人もの入場者であふれ、動物園はすぐにもとを取り返した上に、職員たちには毎日のように大入袋《おおいりぶくろ》が出されたのだとか。

明治の人たちを仰天させた、その動物。それはキリンでした。

「ファンジ」と「グレー」という名だった、このキリン。

残念なことに、翌年には2頭とも死亡してしまったそうです。

2頭は剥製《はくせい》標本になり、現在も国立科学博物館が所蔵しています。

「へっぴり腰」って、漢字で書くと実は……

「そんな、へっぴり腰で打てるか！」

野球のコーチがよくそんなことをいいますよね。

特に、デッドボールを恐れて腰が後ろに引けてしまったら、いいバッティングなんてできません。

お尻が後ろに引けた、腰の入っていない姿勢のことを「へっぴり腰」といいますが、これはもともとどんな意味なのでしょう。

漢字で書けば答えは一目瞭然。

この「へっぴり腰」、漢字では、**「屁《へ》っぴり腰」**と書きます。

そう、「へっぴり腰」とは、オナラをするときの腰つきをいった言葉だったのです。

いわれてみればたしかにそんな感じですね。

「とばっちり」の語源は、下ネタだった!?

男の子が軽い気持ちで女の子を口説こうとすることや、余計な手を出すことを「ちょっかいを出す」といいますよね。

この「ちょっかい」とは、「ネコが一方の前足を使って、ものを引き寄せる仕草」からきた言葉です。たしかにネコは、何にでも興味を持って前足で引き寄せて遊びますよね。

もう1つ言葉ネタ。

自分は関係がないのに、巻き添えになることを「とばっちりを食う」といいます。

この**「とばっちり」とは、「そばにいて飛び散る水しぶきを受けること」**を意味する古語の「迸《とばし》り」からきた言葉。

この「迸り」はイコール「ほとばしり」で、実はこの**「ほとばしり」とは、もともとオシッコのこと**なのです。

つまり、横にいる人がオシッコをして、そのしぶきがかかるという有り難くないことから出た言葉で、道端の水たまりの水を車がはねて自分にかかったりする状況をいうようになり、現在は「巻き添えになる」という使い方になったのです。

一緒にいた友だちが勝手に美人をナンパしようとしたら、その美人の彼がヤ○ザさんで、一緒に痛い目に遭わされたという場合、「友だちのちょっかいでとばっちりを食った」ということになりますね（笑）。

ツッこまずにはいられない「名ゼリフ」の日本語訳

「物語のすべてのパターンを書き尽くした」とまでいわれることがあるイギリスの劇作家シェイクスピア。彼の作品にはダジャレが多く、ある研究家によれば、１つの作品の中に平均72個ものダジャレが含まれているのだとか。

そんなシェイクスピアの数あるセリフの中でも、もっとも有名なのが『ハムレット』で主人公が言う次のセリフでしょう。

【To be, or not to be, that is the question.】

「生きるべきか、死すべきか、それが問題だ」

有名なセリフですが、この訳にたどりつくまでには、長い道のりがありました。

このセリフの日本語訳の最初は１８７４（明治７）年。日本初の漫画雑誌といわれる『ザ・ジャパン・パンチ』の発行者であるチャールズ・ワーグマンの次の訳です。

「アリマス、アリマセン、アレハナンデスカ」

聞いたこっちが、「コレハナンデスカ？」とツッこみたくなる訳ですが、何しろ訳したのが外国人なのですから大目に見ましょう。

1933（昭和8）年、『小説神髄《しんずい》』で有名な坪内逍遥《つぼうちしょうよう》の訳はこちら。

「世に在《あ》る、世に在らぬ、それが疑問ぢゃ」

だいぶ、現代の訳に近づいてきましたね。

そもそも、なぜこのセリフの訳は難しいのでしょう？

翻訳家の福光潤《ふくみつじゅん》氏によると、それは「be動詞」のせいなのだとか。「be動詞」が、あまりにも意味が広いために、日本語では訳しきれないのだそうです。

ナイアガラから命がけで生還した男の「意外すぎる死因」とは？

アメリカとカナダの国境にあるナイアガラの滝は、かつて、一攫千金を狙う人間たちが、滝の上で綱渡りをしたり、滝下へパラシュートで降りたりといった、命がけのパフォーマンスを繰り広げた場所でした。

そんなパフォーマンスの中でも、よく知られたのが、「樽の中に入って滝から落ちる」というもの。1901年に生活資金を稼ごうとしたアニー・テイラーという女性が樽に入って滝から落下して生還して以来、知られているものだけで、計16回も行なわれました。うち、挑戦者が生還したのは11回。この成功率。高いのか低いのか微妙ですね。

この「樽に入ってナイアガラの滝を落ちる」というパフォーマンスの2人目の成功者はボビー・リーチというスタントマンでした。全治6カ月の重症を負ったものの生き延びた彼は、世界各国で講演会を開催するなどして生計を立てていましたが、ニュージーランドを旅行中にひょんなことからケガをして、それがもとで亡くなってしまいました。

その「ひょんなこと」とは……。

バナナの皮（一説にオレンジの皮）にすべって転んだ。

不死身の男の、不思議な死に方ですネ。

なお、現在は、ナイアガラの滝でのパフォーマンスは、賞金どころか、罰金の対象になっていますので、くれぐれもチャレンジなさいませんように。

「貫禄がある人」のそもそもの意味

よく、存在感のある人のことを「貫禄がある」なんていうことがあります。

でも、この「貫禄がある人」って、もともとはどんな人のことをいった言葉なのでしょう？

そもそも、「貫禄」の「貫」には、「つらぬく」という他に「銭をさす」という意味があります。そこから、昔は通貨単位や重さの単位に使われるようになりました。

昔の通貨の価値でいえば、穴あき銭で１千文《もん》をひとつなぎにしたものが「１貫」。金額だけでなく、重量もずっしりと重い。

そして、「貫禄」の「禄」の字のほうは「収入」という意味です。

つまり、**「貫禄」とは、ずっしりとした重量感があり、収入が多い人を表わす言葉だったのです。単純に重量感があるだけではダメなんですね。**

いや、ここで言う「重量感」とは、体重のことではなく、「威厳《いげん》」というか人間的な重厚感のことなので、体重とはあまり関係がないのです。極端にいえば、やせていても「貫禄」のある人はいるということ。

たとえばビートたけしさんや松本人志さんは、太っていなくても「貫禄のある有名人」なんていわれますよね。

あのお笑いグループの命名時の「珍エピソード」

「冗談じゃないよ〜」「殺す気か！」「やってくれたなぁ」や、帽子を回転させてかぶる「くるりんぱ」、口論して最後にチュウなど、鉄板ギャグを持つ「ダチョウ倶楽部」。

それにしても、ダチョウ倶楽部ってユニークな名前です。無名時代は、地方に巡業に行くと、お客さんから「なんだ、人間か」と言われたことが何度もあったとか。

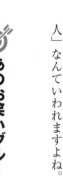

このグループの名前についての、実に彼ららしいエピソードです。

ちょうど、グループの名前を考えていたとき、**「頭文字にTがつく芸人は売れる」**という話があって、「自分たちのグループも、タ・チ・ツ・テ・トのどれかが頭にくる名前にしよう！」と思った彼ら。

大いに頭をひねって、やっと思いついたのが「ダチョウ倶楽部」という名前。

インパクトのある名前を付けることができて、「これはいける！」と大喜びしたのだそうです。

メンバーが**「ダチョウ倶楽部」の頭文字が「T」ではなく「D」だと気が付いたのは、相当あとになってからのこと**だったそうです……。

おとぎ話の「鬼の数え方」でわかること

「昔、昔、あるところに、2人の鬼が住んでいました……」

さて、あなたには、この鬼が「いい鬼」なのか「悪い鬼」なのかわかりますか？

実は、鬼は、その数え方によって、どんな鬼かがわかるのです。

つまり、**鬼が凶暴で悪事を働くときには「1匹、2匹」と数え、改心して人間らしくなると「1人、2人」と数える**のだそうです。

つまり、冒頭の鬼は「いい鬼」というわけですね。

この「人格があるかないか？」は、おとぎ話の世界では重要なようで、体の半分が魚である人魚も「1人、2人」と人間扱いして数えます。

ちなみに、数え方ではありませんが、「鬼ごっこ」をやるとき、鬼に追いかけられる側のことを何と呼ぶかご存じですか？

あれ、ちゃんと「鬼」に対する呼び名があって、**追いかけられる子どもたちのことは、「子」と呼ぶ**のだそうです。

6章

新発見ゾクゾク！
世界・日本の「歴史」雑学

黒船の船員たちが「夢中で食べたもの」とは？

「万里の長城」は、実際、何の役に立ったのか？

宇宙飛行士によって否定される前は、「宇宙から地球を見たとき、肉眼で見える唯一の建造物」といわれていた「万里の長城」。

何しろ、その総延長は現存するだけでも、6259キロメートルといいますから、そんな伝説が語られても、つい信じてしまうのも頷《うなず》けます。

こんな途方もない長城を作ったのは、誰あろう秦《しん》の始皇帝《しこうてい》。しかしこれ、正しくは「作り始めた人」であり、そのほとんどは、次世代によって作られたものです。

始皇帝がこの巨大な壁を作った理由は、北方の異民族の侵略を防ぐためでした。

しかし、この万里の長城。場所によっては高さが2メートル、幅が3メートル程度のところもあり、それって、ハシゴをかければ簡単に乗り越えられてしまう高さですよね。本当に、役に立っていたのでしょうか？

この高さ、たしかに**人間が乗り越えるのは簡単ですが、馬を乗り越えさせるのは、容易なことではありません。**

北方の民族は「馬賊《ばぞく》」と呼ばれた人たち。始皇帝は、馬が無ければ、彼らはたいしたことはなく恐れることはないと考えていたというわけなのです。

★自分の「名前のつづり」を統一しなかった大作家とは?

相手の名前を書くとき、「高橋」なのか「髙橋」なのか、「斉藤」なのか「斎藤」なのかなど、表記を間違えると失礼ですよね。渡辺（渡邊／渡邉）さんや山崎（山﨑）さんも要注意です。

ところが、世の中には、自分の名前のつづりをまったく統一しなかった大作家がいます。

その名は**ウィリアム・シェイクスピア**。

たぶん、普通のつづり方は「Shakespeare」でしょう。しかし、現存する、シェイクスピア本人によるサインには、このつづりは1度も使われていません。

何しろ、シェイクスピア自身のサインと、彼の友人がシェイクスピアについて書いた文章を調べると、**「シェイクスピア」という名のつづり方は、83通りもあった**といいます。

「名前ってなに？　薔薇《ばら》と呼ばれる花を別の名前にしても甘い香りはそのままよ」とは、『ロミオとジュリエット』のジュリエットのセリフですが、さすが、書いたセリフの通り、名前にこだわらなかった作家というべきでしょうか？

大航海時代、謎に包まれた「集団失踪事件」

イギリス人がアメリカ新大陸へ開拓者を送り込んでいた当時、１５８７年のこと。現在のノースカロライナ州にあるロアノーク島で起こった出来事です。

ジョン・ホワイトという人物が指揮する開拓者１１７人が、このロアノーク島に上陸し、生活を始めました。

その後、先住民とのトラブルの報告をするため、ホワイトさんだけがイギリスに一時帰国。すぐに救援隊を引き連れて島に戻ろうとしたものの、運悪く、イギリスとスペインとの間に戦争が勃発。島に戻るのは遅れに遅れ、ようやく戻ったのは1590年になってからのことでした。

ホワイトさん、島に戻ってきて驚きました。**島に残してきたはずの住民の全員が、姿を消していた**のです。

戦いが行なわれたような痕跡《こんせき》はなく、記録もいっさい残っていません。そしてなぜか、砦《とりで》の柱には「クロアトアン（CROATOAN）」という謎の文字が刻まれていました。

いったいどうして、100人を越すイギリス人が忽然《こつぜん》と消えてしまったのか。さまざまな憶測がなされましたが、真相は今でもわかっていません。

「紳士」って、もともとどんな人たち？

品格があって礼儀正しい男性のことを「あの人、紳士だね」なんていいます。

この「紳士」とは、もともと、どんな人たちのことをいったのでしょう？

この言葉のもとをたどると、実は1人の偉人に行き着きます。

その偉人とは、なんと聖徳太子。

別に聖徳太子が紳士だったというわけではありません。

あなたは**聖徳太子が定めた「冠位十二階《かんいじゅうにかい》」**を覚えているでしょうか？　ほら、昔、歴史の教科書に出てきたではありませんか。

この「冠位十二階」とは、聖徳太子が、氏《うじ》や姓《せい》にとらわれずに、実力のある人間を官職につけるために制定した冠位制度です。その等級がひと目でわかるように、冠の色を12種類に分けたことから、こう呼ばれています。

で、**この役についた人たちは、その礼服の腰の部分に「紳」と呼ばれる帯を付けていたために「紳士」と呼ばれていた**のです。

その彼らは、社会的な地位が高い人が多く、礼節を持った人たちだったことから、この「紳士」という言葉が「品格ある男性」の呼び名として定着していったのです。

つまり、「紳士」とは、もともと実力重視で選ばれた役人のことだったのですね。

徳川家康が戦場に「側室の女性」を連れて行ったワケ

あの徳川家康は、頭の良い女性を好み、その意見をよく参考にしていたといいます。名前が確認されているだけでも20人近くいた家康の側室の中でも、特に聡明で女傑《じょけつ》として知られていたのが阿茶局《あちゃのつぼね》とお梶《かじ》の2人です。

三谷幸喜氏脚本のNHK大河ドラマ『真田丸』で、斉藤由貴さんが演じていたのが阿茶局ですね。30歳のとき、妊娠中にもかかわらず、小牧《こまき》・長久手《ながくて》の戦いに参加したり、大坂冬の陣では、本多《ほんだ》忠純《ただずみ》とともに徳川勢を代表して和議の使者となり、大坂城におもむいて豊臣方と交渉に当たったりしているのですから、家康がいかに彼女を信頼していたかがわかります。

お梶のほうは、聡明さに加え、武術にも秀《ひい》で、関ヶ原の戦いにも男装で同行したそうで、関ヶ原の戦いののちは、家康から「お勝」という名をもらっています。

家康が**側室を戦場まで連れて行ったのは、戦場において、冷静な女性の判断を取り入れることによって、相手に「勝ち過ぎないように」**していたためといわれています。

明治維新のときに、東京を首都にしたのは誰？

長く続いた江戸幕府が倒れ、1867（慶応3）年に「王政復古《おうせいふっこ》の大号令」があったとき、当時の京都の人たちは、「これでまた、京都が日本の政治の中心になる」と大喜びをしたそうです。

それなのに、明治新政府が京都に置かれた期間はわずかに1年弱。新政府はすぐに「東京」と名を改めた、新しい首都に移ってしまいました。

この、**「東京遷都《せんと》」の黒幕は大久保利通《おおくぼとしみち》だった**といわれています。

彼は、古い慣習に満ちた京都から朝廷を切り離すことで、日本の心機一転を図ったのです。また、長年、日本の中心だった江戸の人たちの心情にも配慮したともいわれています。

この遷都に対しては、当然、京都府民からの大反対がありました。心情的な面だけでなく、多くの公家や有力商人が東京へ移ったため、京都の財政が悪化したのです。

そこで新政府は、**京都に対して、税金の一時免除と10万円の「産業基立金」**などを

支払うことで納得してもらったのです。

東京を首都にするために、言葉は悪いですが、お金でケリをつけたのですね。

♫ 実はすごくたいへんだった、「斬り捨て御免」

無礼を働いた町人に対して、武士が「無礼者！　そこになおれ！」と言って、バッサリと手打ちにしてしまい、斬った武士が「斬り捨て御免！」と言う……時代劇にありそうな場面です。

いわゆる「無礼討ち」というやつですね。

私は、そんなことはドラマの中だけだと思っていましたが、この「無礼討ち」、本当にあったそうで、8代将軍・徳川吉宗の時代に作られた武家の法律、『公事方《くじかた》御定書《おさだめがき》』のなかにも、ちゃんと明記されていたとのこと。

江戸幕府が武士の体面を保つために作った悪法です。ところが、この「無礼討ち」、実はそれをやる武士のほうも、結構たいへんだったのです。

まず、無礼討ちをした武士は、すぐにその事実をお上《かみ》に届け出なくてはなりませんでした。

しかも、理由はどうあれ、最低20日間は自宅謹慎。

そして、**「本当に無礼があったこと」**を**証明する証人まで必要でした。証人が見つからずに、正当性も認められない場合、最悪だと、罪人として打ち首になることもあった**のです。

無礼討ちをした武士の中には、証人を用意できず、「打ち首になるくらいなら」と、自ら切腹してしまう者もいたそうです。

そして、極めつけが、**無礼討ちをしようとする相手に「刃向かう権利」が認められていた**こと。そこで武士を返り討ちにした人は、たとえ町人でもおとがめなしだったのです。

古典落語の『たがや』は、無礼討ちにしようとした武士を、逆に町人がやっつけてしまう話ですが、もし話に続きがあったとしても、彼はおとがめなしだったのですね。

日本で最初に火葬にされた人物は?

日本に初めて「火葬」という風習が持ち込まれたのは、飛鳥《あすか》時代のこと。仏教とともに伝わったといわれています。

そもそも、仏教の開祖であるお釈迦様も火葬にされました。

では、日本で最初に火葬になった人物は誰だったのでしょう?『続日本紀《しょくにほんぎ》』という書物によると、答えは**奈良県にある元興寺《がんごうじ》というお寺の開祖である道昭《どうしょう》というお坊さん**です。

この道昭さんが、700(文武天皇4)年に、民に模範を示すため、自ら火葬を希望したのが最初だったと記録されています。

道昭さんに続いて、703(大宝3)年には、**持統天皇が天皇として初めて火葬に**なりました。

このことによって、持統天皇にあやかろうとした公家や上級役人たちの間で徐々に火葬をするものが増え、やがて武士の間にも広まっていったといわれています。

江戸時代の人は、現代人よりも「酔っぱらいづらかった」?

時代劇を見ていると、よく真っ昼間から、町人が蕎麦《そば》屋で酒を飲んでいるシーンが出てきます。なんだか、無駄話をしながら、何本もお銚子《ちょうし》を空けてずっと飲んでいますが、なかなか泥酔するシーンにはお目にかかりませんよね。もしかして、江戸時代の人たちは酒に強かったのでしょうか?

もちろん、そんなことはありません。そもそも、**江戸時代、お店で出されるお酒は薄められていて、アルコール度数が5パーセントくらいしかなかった**のです。しかも庶民にはそれなりの贅沢品。薄められたお酒をチビチビとやっていたのですから、なかなか酔わなかったというわけです。

また、真っ昼間から飲んでいるのは、電気のない時代、暗くなる前に飲まないと、お店から行燈《あんどん》代として追加料金を取られたから。それに、そもそも大工や人足《にんそく》などは雨の日は仕事がなくて、昼間から暇だったのです。

お店がお酒を薄めて出したのは、昔、庶民が飲む安いお酒は、今のミリンのように濃いもので、4倍くらいに薄めて飲んでちょうどよかったからなのです。
『試し酒』という古典落語には、10升《しょう》もの酒を飲み干す男が出てきますが、これも、現代よりも薄いお酒だからこそのお話だったわけですね。

黒船の船員たちが「夢中で食べたもの」とは?

タレントの関根勤さんのギャグで私が大好きなものに、「黒船で日本に来たペリーの物まね」というネタがあります。関根さんが、ちょっと巻き舌の弱々しい声で「クニをヒラキなさ〜い」というだけなのですが、これが妙におかしいのです。

さて、ペリーが黒船で浦賀にやってきたのは１８５３（嘉永《かえい》6）年のことでした。

このとき、黒船の船上で行なわれた日米の交渉の席で出された飲み物はレモネードで、これが日本人にとってのレモネード初体験。

黒船になぜレモネードがあったのかというと、ビタミンCをおぎなうためでした。そう、大航海時代、船員たちに**「悪魔の病気」**と恐れられた壊血病《かいけつびょう》を防ぐため、ライムが積み込まれていたのです。

当時はまだ、ビタミンCは発見されていませんでしたが、かんきつ類が壊血病を防ぐことは経験上わかっていたのです。

しかし、船員たちのビタミンC不足は深刻で、ペリーは日本に対して新鮮な野菜ときれいな水を要求。

黒船には急きょ、水、大根10束、フキ15束、梅2升、アンズ1升、ニワトリ10羽が積み込まれ、**黒船の船員たちは、届けられた大根を、先を争ってむさぼるように食べたという記録が残っている**そうです。

ちなみにペリーは、残った大根をすぐさま、自分の船長室にしまい込んだと伝わっています。

日本で最初に禁止された賭博は?

日本では、公営ギャンブル以外の賭博《とばく》行為は禁止されています。ゴルフでお金を賭けたり、スポーツの結果にお遊びでお金を賭けたりするのも厳密には法律違反です。摘発《てきはつ》されれば、「みんなやってるのに」と言っても通用しません。ところで、この「賭博禁止」。日本で最初に対象になった「賭け事」は、いったい何だったと思いますか?

『日本書紀』の記述によると、意外なことに、それは**「双六《すごろく》」**でした。大陸から日本に双六が伝わったのは7世紀頃。たちまち大ブームとなり、685（天武天皇14）年には、天武天皇の前で双六の天覧試合まで行なわれたとか。

仕事そっちのけでハマる人が増え、賭博の対象になるに至って、見かねた**持統天皇が689（持統天皇3）年に「双六禁止令」を出した**のです。

一説によると、夫の天武天皇が賭博にハマっているのに腹を立てて、禁止令を出した、ともいわれていますが、はたして……?

★高野山に入ることを禁止されていた動物って?

弘法大師《こうぼうだいし》によって開かれたという、日本仏教の聖地、高野山《こうやさん》。

真言宗の総本山である金剛峯寺《こんごうぶじ》があることで知られていますよね。

よく間違えがちなのですが、「高野山」とは、あくまでも金剛峯寺の山号《さんごう》であり、高野山という名前の山があるわけではありません。

和歌山県にあるこの高野山は、周囲を8つの山に囲まれた盆地状の平地。そこに金剛峯寺の子院として100を超えるお寺が存在していますが、これらのお寺は、「金剛峯寺の境内にある」という位置づけになるのだそうです。

さて、1872(明治5)年までは女人禁制だった高野山。実は、女性の他に、ある動物も入ることを禁止されていました。

さて、その動物が何だかわかりますか?

答えは猫。イヌのほうは、お構いなし(というより、そもそも弘法大師の道案内をしたのもイヌだといわれています)なのに、なぜ、猫はだめなのか?

その理由は、**「あまりにも可愛いので、僧たちの修行の邪魔になるから」**なのだとか。なんて、お茶目な理由!

そんな歴史を持つ高野山ですが、世界遺産に選ばれたということもあり、現在は世界中から観光客がやってきています。

樋口一葉が結婚するはずだったのは「あの大文豪」!?

『たけくらべ』『にごりえ』などの作品で知られる樋口一葉《ひぐちいちよう》。

貧乏でお金に苦労した彼女が、現代では5000円札の肖像になっているのですから皮肉なものです。

さて、この樋口一葉さん、実は、ある文豪と結婚していたかもしれなかったという話があります。

その文豪とは、なんと**夏目漱石**。

一葉さんの死後56年後の1952(昭和27)年に、一葉さんの甥《おい》っ子が明かしたところによると、一葉さんの祖父と漱石の父が懇意《こんい》の仲で、漱石の父が一葉の祖父に**「ウチの息子（漱石のこと）の嫁として、君の孫娘をくれ」と申し込んでOKされていた**のだそうです。

昔は親同士が結婚を約束するのは普通のことだったので、そのままいけば2人は夫婦になるところでしたが、一葉の祖父の死により立ち消えになったのだとか。

もし、2人が結婚していたら、もしかしたら、一葉さんが名作の数々を残すことも、わずか24歳でお亡くなりになることもなかったかもしれませんね。

カメハメハ王がハワイを統一できたワケ

カメハメハってご存じですか？

「ああ、『ドラゴンボール』の悟空《ごくう》の得意技ね」って、それは「かめはめ波」。

そうではなく、ハワイのカメハメハ大王のことです。

たぶん、ハワイの王様ということ以外は、ほとんどご存じない方が多いのではないでしょうか。いったい彼は、どうやって、それまで小部族に分かれていたハワイ諸島を1つにまとめることができたのでしょうか。

カメハメハ大王は武力の人でした。住民とトラブルがあったアメリカ人を保護して軍事顧問にすえると、**ヨーロッパから銃や大砲を輸入し、圧倒的な武力で各諸島を征服**していきます。そして、ついに1810年、ハワイ王国を建国するに至ったのです。

武器を買うための資金源になったのは、当時、ハワイに群生していた白檀《びゃくだん》。海外で香木《こうぼく》として珍重されていることを知った彼は、**白檀を中国に輸出して、武器を仕入れる資金を作ったの**です。

武力による統一後は、諸外国に対して外交手腕を発揮。王国の民から尊敬を集めたといわれています。

日本初の「ツアーコンダクター」？

突然ですが、十返舎一九《じっぺんしゃいっく》の『東海道中膝栗毛《とうかいどうちゅうひざくりげ》』の主人公、弥次《やじ》さんと喜多《きた》さんが珍

道中を繰り広げたのは、どこを目指しての旅だったか、ご存じですか？

えっ、「京都だろう」ですって？　いいえ、違います。２人の旅の目的地は伊勢神宮。

そう、２人は「お伊勢参り」をするために旅をしていたのです。

三重県にある伊勢神宮。正式な名はただの「神宮」です。日本の最高神ともいえる天照大御神《あまてらすおおみかみ》を奉《たてまつ》るここは、他の神宮とは一線を画す神社。江戸時代の庶民にとって、「お伊勢参り」は、一生に1度は行ってみたい、大イベントだったそうです。

それにしても。今のように旅行雑誌もネットもなかった時代。旅の途中の宿など、長旅に必要な情報を、庶民はいったいどうやって手にしていたのでしょう？

実は、**伊勢神宮には御師《おんし》と呼ばれる、ツアーコンダクターのような役割の人たちがいた**のです。もともと、特定の神社に所属して、参詣者を案内し、参拝や宿泊などの世話をする「御師《おし》」という職業が平安時代には存在していたそうで、伊勢神宮におけるそういう人たちは、特に「おんし」と呼ばれていました。

この伊勢神宮の御師は、全国をまわって、「お伊勢参り」の旅のコーディネートをしていたのです。この御師、1871（明治4）年に明治新政府によって廃止されるまでは、お伊勢参りをしたい庶民にとって、とても有り難い存在だったのです。

破壊されかねなかった、「世界一美しいお墓」って？

インドにある総大理石造りの建築物、タージ・マハルは、かつてのムガール帝国の第5代皇帝シャー・ジャハーンが、1631年に死んだ妻、ムムターズ・マハルのために建てた霊廟《れいびょう》、つまりお墓です。

当時、全盛だったシャー・ジャハーンは、1000頭ものゾウを使ってインド中の大理石を集め、世界中から集めた宝石に2万人の職人の腕を振るわせたそうです。

その完成は妻の死後22年後のこと。続けて黒大理石を使って、自分の霊廟も作るつもりでしたが、失脚し、それは夢と消えました。

この**世界一美しい墓が、1830年代に壊されかけた**ことがありました。

当時、**インドを支配していたイギリス人が、タージ・マハルの膨大な大理石に目をつけて、はがしてロンドンで売ろうとした**のです。

破壊される寸前までいきましたが、直前に、大理石がそれほど高く売れないことがわかって、取り壊しは中止になったのです。

もちろん、当時はまだ、「世界遺産」という考え方はありませんでしたが、それにしても欲に目がくらんだ支配者というのは、とんでもないことを平気でやろうとするものです。

7章

発明王エジソンは、プロポーズも手が込んでいた!?

偉人になるにはワケがある！「感動エピソード」の雑学

「作曲を教えて」と頼まれた、モーツァルトの返事

音楽家のモーツァルトは3歳にしてチェンバロを演奏し、5歳のときには最初の曲を作曲しています。

頭の中に次々と曲が浮かんでしまい、楽譜を書くのがもどかしかったという話も伝わっています。

そんな音楽の大天才、モーツァルトのエピソード。

ある日のこと。モーツァルトのもとに少年がやってきて、「僕に作曲を教えてください」と頼みます。

モーツァルトが、**「もう少し待ちなさい」**と断わると、少年は食い下がります。

「でも、あなたは僕よりも幼いころから作曲をしているではありませんか?」

この言葉を聞いたモーツァルトはこう答えたそうです。

「私は作曲を誰にも教えてもらわなかったんだ。作曲をしないと苦しくてたまらなく

なり、誰にも教えられなくても、仕方なく作曲していたんだよ。だから、君も、そうなるまで待ちたまえ」

発明王エジソンは、プロポーズも手が込んでいた!?

発明王として知られるエジソン。

最初の奥さんの名はメアリーさんといいました。しかし、このメアリーさん、エジソンとの間に3人の子どもを残して他界してしまいます。残されたエジソン。「発明に没頭するには子育てをしてくれる奥さんが必要!」と思ったかどうかはわかりませんが、わずか2年後には、バリバリの「奥さん募集モード」に入ります。

そして、見初《そ》めたのが、なんと18歳のうら若き女性、マイナ・ミラーさんでした。ときにエジソン、38歳。マイナさんは、3人の子持ちで自分と20も歳の離れたエジソンを、最初はそれほど気に入っていませんでしたが、知り合って2年後に結婚を決意します。実は、彼女をその気にさせたのは、エジソンの「ちょっと粋なプロポーズ」だったのです。

なんと、エジソン、隣の席にいた**彼女の手のひらに、モールス信号でプロポーズをした**のです。

どうしてそんな手の込んだことをしたかというと、そのとき、目の前に、前の奥さんの子どもで長女のマリオン・エステルさんがいて、目を光らせていたのです。

エジソンはモールス信号を使うことで、長女に気付かれなかったと思ったようですが、女性の観察力をなめてはいけません。エジソンのプロポーズはバレバレで、このモールス信号によるプロポーズは、マリオンさんの回顧録によって世間にバラされてしまったのでした。発明王も、娘の目はごまかせなかったというお話。

童話作家アンデルセンには「あこがれた職業」があった

『みにくいアヒルの子』『マッチ売りの少女』『人魚姫』など、数々の名作童話で知られるデンマークの作家、アンデルセン。

実は、このアンデルセンさん。**子どものころの夢は、オペラ歌手になって舞台に立つこと**でした。

「自分の歌声で、たくさんの人たちを魅了したい！」

真剣にそう考えて、有名なオペラ歌手のお屋敷を訪ねて、歌を披露したり、音楽学校の校長に弟子入りしたりしたのです。

しかし、半年間のレッスンの末、彼の師匠である音楽学校の校長は、アンデルセンにこう告げたのです。

「君の声では、オペラ歌手になるのは無理だ。あきらめて故郷へ帰りたまえ」

さすがの彼も、キッパリと言われたことで夢をあきらめました。そして、

「舞台に立って、物語を演じることでお客さんを魅了することができないなら、物語を書くほうにまわって、たくさんの人に喜んでもらおう！」

そう思い直して童話作家になったのです。

もし、彼が夢を捨てきれずに、なしくずし的に三流のオペラ歌手になっていたら、数々の名作童話が生まれることもなかったの

ですね。

？岡本太郎の「鏡よ鏡……」

「鏡よ、鏡、世界で一番美しいのは誰？」

ご存じ、『白雪姫』に登場する継母《ままはは》が鏡に問いかけるシーンです。

なんだか、ナルシストの権化《ごんげ》のような振る舞いですが、同じようにして鏡に映る自分に対して、日々語りかけていた芸術家がいます。

「芸術は爆発だ！」でお馴染みの岡本太郎です（昔、岡本さんがそう叫ぶインパクトたっぷりのテレビＣＭがあったのですよ）。

岡本さんは、毎朝、鏡に映る自分に対して、**「おや？　いい顔してるじゃないかい」**とか**「お前は負けない」**などと言って、自分で自分を褒めたり、励ましたりしていたそうです。

そうやって自分に向かって自分で語りかけて己と向き合うことで、自分を鼓舞《こぶ》したり、目標を再認識したり、芸術性や人間性を高めたりしていたのですね。

伊達政宗が「茶碗にキレた」理由

「独眼竜《どくがんりゅう》」との異名を持つ、戦国武将の伊達政宗。

秀吉や家康からも恐れられ、若くして奥州の覇者《はしゃ》となった彼は、もし、もう少し早く生まれていたら、天下を取っていたかもしれないほどの人物でした。

これはそんな政宗さんのエピソードです。

あるときのこと。伊達政宗さん、家に代々伝わる茶碗でお茶を飲んでいました。

その茶碗は、高麗天目茶碗《こうらいてんもくちゃわん》だと伝わっていますので、代々伝わっているだけでなく、とんでもなく高価な茶碗だったのです。

と、政宗さん、うっかり手を滑らせて茶碗を落としそうになります。

運よく落とさずに済んだものの、冷や汗をかきました。

見ていた家臣たちも「落とさなくてよかった～」と思った、そ・の・と・き。

なんと、政宗さん、せっかく落とさずに済んだ茶碗を、突然、床にたたきつけて割ってしまったのです。

驚いた家臣たちから理由を聞かれ、政宗さんはこう言ったそうです。

「たかが茶碗ごときに肝を冷やした自分の器の小ささが許せない。だから、そんな思いをさせた茶碗を割ってやったのだ！」

★泥棒に入られた良寛さんが、つぶやいたひと言

生涯、自分の寺を持たず、五合庵《ごごうあん》という草庵《そうあん》（＝草ぶきの質素な家）に住んだ信濃の国（現在の新潟県）の僧侶、良寛《りょうかん》さん。

毎日、托鉢《たくはつ》をして、和歌を作ったり近所の子どもたちと遊んだりしていたというのですから、悠々自適な生活をしていた人です。

何しろ、細かいことは気にしない。自分の粗末な庵《いおり》の天井に穴が開いても、そこから見える月を見て「ああ、いい月だなぁ。風が清々《すがすが》しいねぇ」なんて言っていたそう

です。

ある晩のこと。良寛さんが寝ているときに泥棒が入ったそうです。

良寛さんは侵入者に気がついたけれど、眠っているフリをしていました。

あまりにも盗むものが無くて驚く泥棒。

仕方がないので、なんと寝ている良寛さんの布団を盗むことに。それを察した良寛さんは、ワザと寝返りをうって、布団を盗みやすくしてあげます。これ幸いと、布団を奪って出て行く泥棒……。

粗末な庵で、布団まで奪われて独り残された良寛さん。抜けた天井から見える月を眺めながら、ひと言つぶやいたと伝わっています。

「泥棒も、あの月だけは盗んでいけなかったなぁ」

「いつ完成するんだ？」と聞かれたガウディの〝ナイスな回答〟

スペインの建築家、アントニオ・ガウディがサグラダ・ファミリア教会の主任建築家に任命されたのは31歳のときでした。

市電にはねられて亡くなったのは73歳。つまり、人生の半分以上の時間、40数年間をサグラダ・ファミリアの建築に費やしていたことになります。

1914年からは、他の仕事をすべて断わりサグラダ・ファミリアに専念。亡くなる1年前からは聖堂内に居を構えていたそうです。

ガウディは人から「この教会はいったい、いつになったら完成するのですか？」と聞かれると、いつも、こんな言葉で回答したそうです。

「神は、お急ぎではない」

ちなみに、事故死したガウディの遺体は、このサグラダ・ファミリアに葬られています。

ディズニーがミッキーマウスを生み出した理由

ウォルト・ディズニーがお兄さんのロイと、ハリウッドで「ディズニー・ブラザーズ社」を設立したのは１９２３年のこと。いうまでもなく、この会社が「ウォルト・ディズニー・カンパニー」の前身です。

会社を設立してから５年目の１９２７年。ディズニーはアニメ映画『オズワルド・ザ・ラッキー・ラビット（しあわせウサギのオズワルド）』を発表。このオズワルドは人気者になり、「よーし、これから！」というとき、ディズニーはとんでもない裏切りに遭います。

なんと、この**映画のプロデューサーで配給業者でもあったチャールズ・ミンツに、オズワルドの版権を奪われてしまった**のです。しかも、ミンツは、オズワルドの制作に携《たずさ》わった優秀なアニメーターたちを大量に引き抜いてしまい、ディズニー・ブラザーズ社に残ったアニメーターはたった１人に……。

怒りがおさまらないディズニーでしたが、金にモノをいわせるミンツには太刀打ちできず、結局、人気キャラクター、オズワルドの権利をあきらめました。

失意のディズニー。しかし、彼は列車に乗っているとき、突然、ネズミをモチーフにしたキャラクターを思いつき、すぐさま、その場でスケッチブックに書きとめます。

これがミッキーマウスの原型になったのだそうです。

なんと、**世界の人気者ミッキーマウスは、仕事仲間の心ない裏切りによって生まれたのでした。**

ビートルズの「大ヒット曲」に隠された秘話

ビートルズの楽曲のほとんどを手がけ、「5人目のビートルズ」とも呼ばれたイギリスの音楽プロデューサー、ジョージ・マーティン。

オーディションでビートルズを見出し、デビューさせたのは彼であり、のちに国王からナイトの称号まで授与されている人物です。

デビュー曲の『ラヴ・ミー・ドゥ』がイギリスのヒットチャートで17位にランクインしたビートルズ。勝負となる2曲目として、マーティンはビートルズのメンバーではない人間が作詞作曲した曲を用意します。

しかし、これに異を唱えたのが、ジョン・レノンでした。

「俺たちが歌う曲は、俺たちが作る」

しかし当時、マーティンの命令は絶対です。

そこで**ジョン・レノンは、たったひと晩で曲を作って、「2曲目はこの曲でいきたい」と訴えた**のです。

このとき、ジョンがひと晩で作ったのが、名曲『プリーズ・プリーズ・ミー』。曲を聴いたマーティンは、「この曲なら」と、自ら提案した曲を引っ込めて、2曲目への採用を決定したのです。

ジョン・レノンが、ビートルズの方向性をかけて作ったこの曲は、イギリス国内で1位を獲得。ビートルズは確固たる地位を築くことになったのです。

大女優エリザベス・テイラーの「究極のダイエット法」とは？

女優のエリザベス・テイラー。「リズ」の愛称で知られ、アカデミー主演女優賞を2度受賞。かつては大女優の代名詞のようにいわれていた時期がありました。

プライベートでは「恋多き女」として、8度の結婚と7度の離婚をしたことでも知られています。新聞の芸能ニュース欄で「リズ、また結婚！」「リズ、また離婚！」という記事を何度見たことか（笑）。

さて、そんな彼女は50歳を過ぎたころから極度の肥満に悩まされました。「ハリウッドで、もっとも肥満に苦しんだ女優」とまで呼ばれた彼女でしたが、最終的には、ある究極のダイエット法で美貌を取り戻したのです。

その究極の方法とは……。

「冷蔵庫の扉に、自分が一番太って写っている写真を貼る」というもの。

これ、もともとはライバルの女優が、「太ったエリザベス・テイラーの写真を冷蔵庫に貼って『リズのようになってはいけない』とダイエットに励んでいる」というウワサを聞いたのがきっかけ。

普通なら怒る話ですが、リズは、「これって、私自身にも効果があるかも」と考えたのです。

さすが、太っても……ではなく、転んでもただでは起きないあたりが大女優ですね。

♫ シャーロック・ホームズを生んだ作家は、名探偵だった？

人気漫画『名探偵コナン』の主人公、江戸川コナンの名前のもとにもなっているコナン・ドイル。いわずと知れた名探偵ホームズの生みの親です。

実はこのドイルさん、**プライベートでもホームズばりの名探偵ぶりを発揮している**のです。しかも2回も！

1つ目の「事件解決」はドイル48歳のとき。馬を8頭殺害した罪で投獄《とうごく》され、3年後に仮釈放された男性から「自分の無実を証明してほしい」と依頼を受けたのです。

ドイルは事件を調べ直し、その手口から肉屋の店員が真犯人であると確信。それを新聞で発表します。記事を受けた警察が再捜査して、真犯人を逮捕し、ドイルは見事に依頼者の冤罪《えんざい》を晴らしたのです。

2つ目の「事件解決」はその10年後のこと。今度は「老婦人殺人&宝石盗難事件」ですから本格的です。依頼主は、犯人として逮捕された男性の担当弁護士。ドイルは検察側が主張していた「証拠」を推理と新事実によってくずし、16年をかけて、ついに容疑者の無罪を証明したのです。

よく考えると作家であるコナン・ドイルに、事件解決の依頼がくること自体がおかしいのですが、さすが、名探偵の生みの親！　リアル名探偵コナンですね。

アガサ・クリスティーの「執筆中に欠かせなかったもの」

推理小説の女王といえば、いわずと知れたアガサ・クリスティーです。『そして誰もいなくなった』や『オリエント急行殺人事件』は、いまだにドラマや舞台になっていますよね。

生前、彼女は「私って、信じがたいほどすぐにアイデアが出てくるの」という言葉を残しているほど、作品のアイデアには困らない人だったようです。

しかし、そんなクリスティーさんでも、ときにはアイデアに詰まります。そんなとき、欠かせなかったのがなんと**リンゴ**。

執筆の手が止まると、彼女はお風呂に入ってリラックスし、湯ぶねでリンゴをかじったというのです。そうすると、不思議と斬新なアイデアが次々に浮かんできたのだとか。

リンゴのほどよい噛みごたえと香りが良いのでしょうか？

そういえば、**詩人のシラーは腐ったリンゴの匂いをかぐと詩の発想が湧いたそうで、いつもデスクの引き出しに、腐ったリンゴを入れていました。**

あるとき、シラーを訪問した詩人のゲーテは、シラーの書斎に入った途端に、その強烈な匂いで気分が悪くなったそうです。

活字中毒だった作家サマセット・モーム、読む本が無くなって――

『月と六ペンス』『人間の絆』で知られる作家のサマセット・モームは、極度の活字中毒でした。

活字中毒の男を主人公にした作品も残しているくらいで、とにかく本を読んでいないと落ちつかなかったそうです。

そんな彼が、東南アジアを旅行したときのこと。あろうことか、読む本が無くなってしまったのです。不便なところで現地調達もままなりません。

「なんでもいいから、活字が読みたい」

困り果てたモームさん、**しかたなく、持っていた時刻表を隅々《すみずみ》まで読んでなんとか我慢した**のです。

このときの経験によほど懲《こ》りたのでしょう。

その後の旅行では、自分が出発する前に、大量の本を旅行先に別便で前もって送っておくようになったとのことです。

？マーク・トウェインとハレー彗星の「奇跡のような巡り合わせ」

『トム・ソーヤーの冒険』『ハックルベリー・フィンの冒険』などの作品で知られるアメリカの作家、マーク・トウェイン（本名サミュエル・ラングホーン・クレメンズ）。

彼は若い頃、ミシシッピ川の蒸気船の水先案内人をしていたことがありました。

そもそも、彼のペンネームである「マーク・トウェイン」とは、蒸気船が安全に運航するうえで十分な深水であることを水先案内人へ知らせるときの合図の声、「by the mark, twain」からとっています。無理やり訳せば「深さツイン、確認！」でしょうか。ツインとは「2ファゾム（ヤード・ポンド法の単位。両手をいっぱいに伸ばした長さが1ファゾム）」という意味。

さて、そんな彼は晩年、こんなことを言っていました。

「私はハレー彗星《すいせい》が現われた1835年に生まれた。だから、次にハレー彗星が地球にやってくるとき、自分も彗星とともにこの世を去るだろう」

周囲の人は笑って聞き流していましたが……1910年4月20日、ハレー彗星が地球に大接近したその翌日。

マーク・トウェインは、本当に心臓発作で亡くなってしまったのです。

もしかすると、ハレー彗星が接近したのを知って、大ショックを受けて死んでしまったのでは？　と思うのは私だけ？

松尾芭蕉を苦しめた持病とは？

『おくのほそ道』で有名な俳人の松尾芭蕉。

実は、彼は2つの病に苦しんでいました。

『おくのほそ道』の旅の途中でも、夜中に持病が出て苦しんだことについて、「夜に入て雷鳴、雨しきりに降《ふり》て、臥《ふせ》る上よりもり、蚤《のみ》・蚊にせゝられて眠らず。持病さへおこりて、消入斗《きえいるばかり》になん」と、夜中に雷は鳴るは、雨は降るは、ノミや蚊はいるは、おまけに持病まで出て眠れず、気を失いそうだ……という意味の記述を残しています。

芭蕉を苦しめた、この持病とは、**痔《じ》と胃けいれん**でした。

出血したといいますから、痔のほうはたぶん切れ痔。

胃けいれんのほうは、よく時代劇で聞く「持病の癪《しゃく》が……」というときの癪ですね。

芭蕉の場合は胆石症からくる胃けいれんだったのではといわれています。

『おくのほそ道』の名句の数々も、こんな持病の苦しみに耐えながら詠んでいたと思えば、また味わい深さが増そうというものです（？）。

★上杉謙信が「号泣して哀しんだこと」って？

戦国時代のライバル同士といえば、上杉謙信と武田信玄の2人が有名です。越後の国（現在の新潟県）の謙信と、甲斐《かい》の国（現在の山梨県）の信玄は、川中島の戦いを12年にわたって5回も繰り広げた名将同士です。

戦略に長《た》けていた信玄に対して、謙信は、真っ正直な武将だったと伝わっています。領地に海を持たない信玄に対して、北条氏と今川氏が塩の供給を断ったとき、謙信が、「それは卑怯《ひきょう》」と非難して、ライバルである甲斐の国へ塩の供給を続けた話は、「敵に塩を送る」という慣用句のもとになっていますよね。

そんな「義を重んじる男」上杉謙信は、食事をしているときに、「ライバルの武田信玄が病死した」という知らせを受けたと伝わっています。

突然の訃報《ふほう》を知った謙信さん。喜ぶどころか、思わず持っていた箸《はし》を落として号泣し、こんなことを言ったそうです。

「私は良きライバルを失った。世にいう英雄とは信玄のような男のことをいうのだ」

そして、それから3日間は、城下での音曲までも禁止したといいます。

その上、「信玄が死んだとなれば、今こそ、甲斐の国を攻めるチャンス！」と進言する家臣に対して、**「若い勝頼《かつより》への代替わりを狙って出陣するなど、そんな大人げないことはできない」**と、武田信玄の跡取りである武田勝頼を攻めることもしなかったというのですから、どうやら本当に真っ正直な武将だったのですね。

8章

住民のほとんどが「同じ名字」の島がある？

役には立たないが面白い！「愛すべきムダ知識」雑学

本好きの人なら必ず体験する（？）、「青木まりこ現象」って？

あなたは、本屋さんにいるとき、突然にトイレ（しかも「大」のほう！）に行きたくなったことはありませんか？　もし、あったなら……あなたは、「青木まりこ現象」の体験者です、おめでとうございます！（別にめでたくはないか……）

実は、この**「本屋に入るとトイレに行きたくなる症状」**を**「青木まりこ現象」と呼ぶのです。**

ことの起こりは1985（昭和60）年に発売になった雑誌、『本の雑誌』の第40号の誌面。

「青木まりこ　会社員　29歳・杉並区」さんから、こんな投稿記事があったのです。

「私はなぜか長時間本屋にいると便意をもよおします。三島由紀夫の格調高き文芸書を手にしているときも、高橋春男のマンガを立ち読みしているときも、それは突然容赦なく私を襲ってくるのです。これは二、三年前に始まった現象なのですが、未だに理由がわかりません。（後略）」

この投稿は大反響を呼び、次の第41号では急きょ特集記事に。その中で作家の椎名誠さんが「青木まりこ現象」と命名したのです。

原因については、「本の匂い説」「思い込み説」「緊張ストレス説」「リラックス説」「立ちっぱなし説」「目を伏せて本を読むから説」「本棚の圧迫感説」などいろいろと考察されていますが、結局は不明のまま。もし、「青木まりこ現象」の原因を突き止めたら、ノーベル賞がもらえるかもしれません！（もらえないか……）

「世界一イライラする曲」って、どんな曲？

ピアノ曲の楽譜に「歯が痛いナイチンゲール（サヨナキドリ）のように弾け」とか「『僕にはタバコがない。幸い僕はタバコを吸わない』のように弾け」と書き込むなど、変人として知られたフランスの作曲家、エリック・サティ。

彼の曲に、たぶん、世界一イライラする曲があります。

曲のタイトルは「ヴェクサシオン」。サティの死後に弟子が見つけて公表した3曲のうちの1曲で、**タイトルの意味は、そのものズバリ「いやがらせ」**。

これ、1分程度の同じ旋律をなんと840回繰り返すという、旋律の……ではなく、戦慄の作品。演奏するほうも、聴くほうも、「もう勘弁して」という1曲なのです。

こんな曲、誰も演奏しないと思いきや、これまでに何度かモノ好き……ではなく、チャレンジ精神旺盛なピアニストたちが演奏会で披露しています。

日本のかつてのバラエティ番組『トリビアの泉』（フジテレビ）で、3人のピアニストが交代でこの曲を演奏してみたところ、演奏時間は18時間18分におよんだということです。

! 住民のほとんどが「同じ名字」の島がある？

子どものころ、クラスに同じ名字の人が2人いると、「○○さん」と呼んだときに

2人とも返事をしたりして、ちょっと面倒ではありませんでしたか？

2人でもそうなのに、もし、クラス全員が同じ名字だったら……。

そんな、ウソのような島が、佐賀県唐津市にある高島という名の離島。

なんと、島民約250名のほとんどが「野崎」という名字で、野崎姓でないのは、わずかに10数人だけだというのですから驚きです。

なぜ、こんなことになってしまったのかというと……。

江戸時代の1574（天正二）年、この島が30人ほどの海賊に襲われたときのこと。たまたま島に住んでいた肥前草野家の元家臣、野崎隠岐守綱吉《のざきおきのかみつなよし》という侍が、たった1人で海賊を討伐《とうばつ》。**島民たちは感謝のしるしとして、そのとき以来、全員が「野崎」という姓を名乗ることにした**のだとか。

綱吉さんは、この後、わずか32歳で病死。その死を悼《いた》んだ島民が彼を島の守り神として祀ったのが「宝当神社」の起こりで、現在では、その名から「宝くじの神様」として日本全国から参拝客を集めているのです。

綱吉さんは死して450年近くを経た今も、島を守り続けているというわけですね。

知ってるようで知らない人体の「3つのくぼみ」

足の裏のくぼんだ部分のことを「土踏まず」というのはご存じと思います。では、人間の体にある、次の「くぼんだ部分」の名称はご存じですか?

1 鼻と上くちびるの間にある、くぼんだ部分
2 首のうなじにある、くぼんだ部分
3 足のヒザの裏側にある、くぼんだ部分

1と2はわかっても、3は知らない人が多いと思います。

正解は、**1↓「人中《じんちゅう》」、2↓「盆《ぼん》の窪《くぼ》」、3↓「ひかがみ」**。

「人中」は、お母さんのお腹の中で体ができあがるとき、最後にくっついた部分の名残で、特に役割があるわけではありません。

ちなみに、上くちびるの真ん中にあるスジも、左右からできた体が最後にくっついたときの名残です。

「盆の窪」は人間の急所の1つ。『必殺仕事人』の1人がよく刺していましたね。

「ひかがみ」は、漢字では「膕」と書き、この名称は、「ひっかがむ（引っ屈む）」という言葉が、やがて「ひかがみ」になったという説があります。

「幸運の女神」の意外な正体って？

「めぐってきたチャンスを逃がすな！」と、そんな意味でよく「幸運の女神には、後ろ髪がない」なんていいますよね。通り過ぎたあとでつかまえようとしても、「つかむところがない」というたとえです。

この「幸運の女神」という言葉のもとだといわれているのが、ギリシア神話の神様、「カイロス」。

カイロスとは、ギリシア語で「チャンス」とか「時」を意味する言葉「Kairos」を神格化した呼び名とのことなので、もう、そのまんまです。

この神様の特徴は、前髪が長くて後頭部がはげていること。

これも、「幸運の女神には後ろ髪がない」という言葉の通り。

と、そこまではよいのですが、ここで衝撃の事実。

この神様……。実は……。

「お・と・こ」なのです。つまりは男性神。

「幸運の女神」というと、漫画などでもたいがい美しい女性の姿で描かれます。それが実は男だと思って見れば、また、別の趣《おもむき》あろうというものです（笑）。

なぜ、世界一長い川の順位は入れ替わる？

私は子どものころ、「世界一長い川はアメリカのミシシッピ川」だと覚えていました。

ところが、学生になってクイズを好きになってみると、ナイル川が一番長いというではありませんか。「あっ、子どものころは間違って覚えていたんだ」と思ったのです。でも実は、それは私が間違えて覚えたのではなく、川の長さが変わることで順位が入れ替わっていただけだったのだとあとで知りました。

現在、世界一長い川は、ナイル川とアマゾン川がデッドヒートを繰り広げているのですが、どうして、川の長さはコロコロと変わるのでしょう？

最大の理由は、**川の長さの中には支流の長さも含まれるため、新しい支流が見つかると、その長さが加算されたり、逆に同じ川扱いだったものが別の川扱いになったりと長さがマイナスされたりするから**なのです。

さらに、河川工事によって、川がまっすぐに工事されて、短くなるというケースもあります。

たとえば北海道の石狩川は、明治のころは364キロメートルの曲がりくねった川だったのに、河川工事によって現在は268キロメートルと、約100キロメートルも短くなっているのです。

日本一短い川の長さは？

日本の河川は「1級河川」と「2級河川」に分けられます。

簡単にいうと、「1級河川」とは、私たちの暮らしを守り、産業を発展させるうえで特に重要な関わりをもつ河川のうち、国が管理しているもの。

「2級河川」とは、「1級河川」以外の河川のうち、都道府県が管理しているもののことです。日本一長い信濃川はいうまでもなく「1級河川」ですね。

さて、では「日本一短い川」はどこの何という川でしょう。

答えは、和歌山県にある2級河川、その名も「ぶつぶつ川」。

水源は湧き水で、地下から水が湧き出るとき、泡がぶつぶつと出てくる様子から名前が付いたといわれています。

その**長さは、なんと、たったの13・5メートル**しかありません。

水源から湧き出た、川幅約1メートルのか細い流れは、すぐに近くの粉白《このしろ》川に流れ込むため、あっという間に終わってしまいます。

それでも、2008年10月、県によって2級河川に指定され、日本最短の川となったというわけです。

ちなみに、日本最長の2級河川、日高川があるのも偶然ですが和歌山県です。

世界一祝日が多い国は、どこにある？

会社員にとって土日、祝日というのは楽しみなもの。「もっと祝日が増えればいいのに」と思っている人も多いことでしょう？

さて。この祝祭日。世界で一番多い国はいったいどこなのでしょう？

答えは、ネパール。同国は、太陰太陽暦のヴィクラム暦という暦を使っていて、1年の始まりは4月。日曜日は平日で土曜日がお休みなのですが、年によって変動はあるものの、**ネパールでは年間に30日を超える祝祭日がある**のです（ちなみに2017年現在で、日本の祝日は16日です）。

どうしてネパールではこんなに祝祭日が多いのかというと、各民族の祝日を全体の祝日にしていたり、人口のほとんどを占めるヒンズー教徒の祝日だけでなく、少数派のイスラム教徒の祝日もお休みにしていたりするから。

イスラム教徒のラマダン（断食月《だんじき》）明けの祝いの日も、ちゃんと祝日にしているのです。

こんなにも休んでいるネパール人ですが、実はもっと休んでいる人もいるのです。それは、日本のネパール大使館にいるネパール人。彼らは、本国と同じく土曜日と祝祭日30日以上を休む他に、日本の日曜日と祝日もしっかりとお休みしているとのこと。いったい、年に何日休んでいるのやら……。ウラヤマシイ！

イギリスの都市伝説「ヒュー・ウィリアムズの奇跡」って？

イギリスには「ヒュー・ウィリアムズの奇跡」と呼ばれる、次のような都市伝説的な話があります。

- **1664年12月5日、ある船がイギリスのメナイ海峡で転覆し、乗客81人のうち、1人だけが救助された。彼の名はヒュー・ウィリアムズだった。**
- **1785年の同じ日、12月5日に、メナイ海峡で別の船が転覆。乗客60人のうち助かったのは1人だったが、その1人の名はヒュー・ウィリアムズだった。**
- **1820年8月5日に、メナイ海峡で船が転覆して乗客25人が海に投げ出された。**

このとき、奇跡的に助かった1人の名前はヒュー・ウィリアムズだった。

この話が最初に登場したのは、1851年に出版された、チャールズ・フレデリック・クリフ著の本『The book of North Wales』だといわれています。

調べてみると、舞台がメナイ海峡ではなくドーバー海峡だったり、事故が起こった年が異なったり、生き残りが1人ではなく2人（2人とも同姓同名！）だったりと、いろいろなバージョンが存在しますが、いずれにしても、生き残りの名前はヒュー・ウィリアムズでした。実話かどうかは正直、眉唾《まゆつば》ですが、ちょっと面白い伝説です。

★サスペンスドラマの犯人は、なぜ断崖で告白する？

2時間もののサスペンスドラマを見ていると、最後に、なぜか犯人は「海の見える断崖《だんがい》」で真相を告白しますよね。

ドラマのプロデューサーに言わせると、「取調室じゃ画《え》がもたない」「山の中よりも海のほうが波があって表情に変化がある」「犯人を追い詰められた状況にできる」などの理由から、「海っぱたの断崖はまさにピッタリの場所」なのだとか。

そもそも**この演出は、松本清張原作の映画、『ゼロの焦点』（1961年・野村芳太《よした》郎《ろう》監督）のクライマックスシーンで、石川県の能登《のと》金剛《こんごう》にある「ヤセの断崖」が舞台になって評判になったのが元祖。**

「あの映画の断崖の告白の演出、ドラマにも使えるのでは」ということで、使われ始めたのだそうです。

ちなみに「2時間ドラマの帝王」と呼ばれる船越英一郎さんはこの断崖の告白について、「正直、崖の上に行ったからって、どうしてしゃべるんだよって思っていました。でも、自分が一度だけ犯人役をやって崖に追い詰められたとき、どこにも逃げ場がなくて、本当に（真相を）しゃべりたくなった！」と、その効果を語っています。

数学では、なぜ未知数を「x」で表わすの？

たぶん、思い出したくはないと思いますが（笑）、数学の式で、未知数に「x」が使われていたのを覚えておられますか？

あれ、どうして「x」なのでしょう。

数学の世界で、未知数を、最初に「x」で表わしたのはデカルトだといわれています。デカルトって、「我思う故《ゆえ》に我あり」の言葉で有名な、あの哲学者のデカルトのことです。あの方、数学者としても有名だったのです。

さて。そのデカルトが、なぜ、未知数に「x」を使ったかについて、面白い話があります。

このころの書物は、現代と違って一文字ずつ、活字（文字の型）をいちいち並べて印刷していました。その活字のなかで、一番使用頻度が少なかったのが「x」。

そのため、**印刷屋がデカルトに「一番多く余っている『x』を使えば、式の中にいくら使っても安心ですよ」と提案した**ので未知数が「x」になったというのです。

デカルトとしては別に「x」でも「y」でもよかったわけで、意外とそんな理由で決めてしまったのかもしれませんね。

哲学者アリストテレスが「誤解していたこと」って？

哲学者として有名なアリストテレスは、論理学、政治学、天体学、物理学などさまざまなジャンルで才能を発揮し「万学の祖」とまで呼ばれましたが、本来は生物学者だったといわれていて、のちのリンネやダーウィンなどにも影響を与えた人でした。数百種の生物を観察、解剖し、特に、海洋生物に詳しかったそうです。ウニの口の部分は、彼の名をとって「アリストテレスのちょうちん」と呼ばれていますよね。イルカを哺乳類に分類したのも彼が最初でした。

そんな天才とも呼べるアリストテレスでしたが、**脳がものを考える器官だという考えは真っ向から否定**していました。

デモクリトスなど何人かの学者は、「知的活動は脳が行なう」と主張しましたが、アリストテレスによって否定されたことで、脳の研究は長らく停滞してしまったといわれています。

ちなみに、脳が「ものを考える器官」だとわかる前、**脳の役割は「血液を冷やす器**

官」**という意見が主流**だったそうです。

「囚人服」のイメージは、なぜしま模様?

囚人コントに出てくる囚人の衣装は、決まってしま模様ですよね。

あれ、**19世紀ごろ、アメリカの刑務所で広く使われていた囚人服のデザイン**で、20世紀の初めには廃止されたものの、19世紀当時を舞台としたアメリカ映画の刑務所シーンなどで登場するために、日本人にとって、海外の刑務所の囚人＝しま模様の囚人服というイメージが刷り込まれたのだと思われます。

そもそも、**ユダヤ教で縞模様が忌み嫌われた**ことから、中世ヨーロッパで、しま模様の衣装は「愚か者」の象徴として絵画などに描かれました。

それが、「愚か者」→「劣った者」→「君主に従属する立場の人間」となり、宮廷の召使いや給仕係、軍人、下級役人などの服装としてしま模様が使われるようになり、囚人服にも使われるようになっていったのです。

また、**派手な全身しま模様は、牢獄を脱走しても、ひと目で「コイツは脱走犯だ」とわかる**という効果もあったのですね。

さて、かつては格子模様と呼んでいたこの模様を、日本で「しま模様」と呼ぶようになったのは、16世紀ごろに南方の島国から渡来品としてこの模様の織物が伝わったとき、「島渡り」「島もの」などと呼んでいたものが、「島模様」となり、やがて「縞《しま》」の字があてられたのです。「しま模様」の「しま」はなんと「島」だったのです。

「転がって無くなる消しゴム」に頭にきて発明されたもの

新しい商品を考え出すときの発想法の1つに「ハイマン法」というものがあります。これは、すでにある別々の商品を1つにすることで新商品にしてしまうという考え方で、ラジカセやカメラ機能付き電話などは、この発想法で誕生した商品といえます。

この「ハイマン法」の名前のもとになっているのは、ハイマン・リップマンというアメリカ人。その彼が発明した、いわばハイマン法の元祖となった商品。それは……。

消しゴム付き鉛筆。

実はこのハイマンさん、もともとは貧乏画家。画材を買うお金がなくて、1枚のケント紙に鉛筆でデッサンを描いては消しゴムで消し、同じ紙にまたデッサンを描いては消し、ということを繰り返していました。困ったのは、小さくなった消しゴムが、すぐにどこかに転がって無くなってしまうこと。

怒った彼は、「鉛筆に消しゴムをくっつければいいんだ！」と発想。**1858年に、消しゴムをニカワで鉛筆に固定させる「消しゴム付き鉛筆」を発明**したのです。

その後、彼は特許をとって大儲けしましたが、似たアイデアの商品が出て裁判となり、結局、その特許は無効になってしまったそうです。

注意！　YESとNOが逆な国？

「アイツ、とうとう首をタテに振ったよ」

そういえば、「やっとYESの返事をもらうことができた」という意味ですよね。

ところが、その「アイツ」が、もしブルガリア人だとしたら、話は違ってきます。

実は、日本とは逆で、**ブルガリアでは首をタテに振るとNOという意味、ヨコに振るとYESの意味**なのです。いや、「日本とは逆」というより、世界のスタンダードな仕草と逆といってもよいでしょう。

昔、ある国の政治家がブルガリアを訪問したとき、盛大な晩餐会が行なわれ、給仕から「ワインをお持ちしますか?」と聞かれた政治家が首を横に振ったためにワインを運ばれてしまい、そのやりとりを繰り返すうちに、テーブルがワインだらけになってしまった、という話もあるくらいです(たぶん作り話だと思いますが……)。

ブルガリア語で「はい」は「ダ」、「いいえ」は「ネ」と言うので、彼らと話すときは、仕草より言葉で判断したほうがよいかもしれません(あまり話す機会はないでしょうが……)。

なお、近年はブルガリア人も相手国のジェスチャーに合わせる動きがあるそうです。

ちなみに、インドやバングラデシュでも、相づちを打つときに首を横に振る習慣があるので注意が必要です。

猫が「座りながら作るもの」って？

猫は、「寝子《ねこ》」がその名前の由来だという説があるくらい、よく寝る動物です。成猫で1日に15～16時間、子猫や老猫はこれよりもさらに長く寝ています。

さて。その猫が、前足をたたんで背中を丸めて座っていることがありますよね。あの独特の姿のことを「○○を作る」と呼ぶのですが、なんというかご存じですか？

答えは「香箱《こうばこ》を作る」。

香箱とは、沈香《じんこう》や白檀などの「香木《こうぼく》」を入れておくためのフタ付きの箱のこと。猫が背中を丸めて座っているあの姿が、その香箱に似ていることから、「香箱を作る」とか「香箱を組む」、あるいは「香箱座り」などと表現するのです。

なかなか小粋《こいき》な表現で、明治のころの文学作品にはよく登場する言葉でしたが、そもそも、もとになっている「香箱」が一般的ではないために、最近はほとんど使われなくなっています。

ちなみに、前足をたたんで、すぐに動くことができないこの姿勢のときの猫は、安全な場所にいたり、飼い主と一緒にいたりして安心している状態。

愛猫《あいびょう》が香箱を作っていたら、あなたと一緒で安心している証拠です。

ヨーロッパの人が数か国語を話せる理由

自慢ではありませんが、私は英語が話せません。

せいぜい、道を聞いてきた外人さんに、カタコトの英語で行き方を教えられる程度です。ですから、英語をペラペラ話せる人を見ると無条件に尊敬してしまいます。

数か国語を話せる人に至っては、もう雲の上の人ですね。かつて、サッカーの中田英寿さんが記者会見で流暢《りゅうちょう》なイタリア語を話したときには驚愕したものです。

ところが、聞いた話だと、ヨーロッパには、数か国語を話せる人が多いのだそうです。「イタリア語が話せると、スペイン語はだいたい1か月もあれば話せるようになる」とも聞きました。

「ヨーロッパの人はそんなに語学センスがあるのか？」と思ったら、ちゃんと理由がありました。

イタリア語、フランス語、スペイン語、ポルトガル語、ルーマニア語などは、すべて「ラテン語」がルーツなのです。

誤解を恐れずにいえば、全部、ラテン語の方言みたいなものだったのですね。

そう聞けば納得。私も日本語の方言なら、会話に困らないくらいはわかりますから。

「ニアミス」って、距離でいうと何メートル？

不仲なために共演NGのタレント同士が、テレビ局などで、もう少しで会いそうになってしまったような事態を「ニアミス」なんていいますよね。

要は「近づきすぎてしまうこと」ですが、では、航空機の世界での「ニアミス」というのは、いったい何メートルくらいの接近をいうのでしょう。

これ、実は日本では特に定義していないそうです。しかし、アメリカ連邦航空局（FAA）では、次のように定義しています。

「飛行中の2機以上の航空機が、半径150メートル・高度差60メートル以内に接近すること」

空は広そうに見えて超過密状態。しかし、大惨事につながる「ニアミス」はあってはならないこと。

管制塔からの指示だけでなく、現在の旅客機の多くは、空中衝突回避装置（TCAS＝traffic alert and collision avoidance system）を装備しています。

ちなみに、国土交通省は、管制塔からの指示とこのTCASの指示が異なるときは、TCASのほうに従うように勧告を出しているとのことです。

日本の刑法で「もっとも重い罪」って？

日本の「刑法」のなかに、たった1つだけ、**「刑罰が死刑のみ」**というとんでもなく重い罪があります。

殺人でさえ、なかなか死刑にならないというのに、いったいどんな罪だと思いますか？

その罪とは、刑法81条にある、その名も**「外患誘致罪《がいかんゆうちざい》」**。

【第八十一条　外国と通謀《つうぼう》して日本国に対し武力を行使させた者は、死刑に処する。】

とあり、有無をいわせず死刑なのです。

この「外患」とは、もともとは「敵国によるわが国の主権侵害の危険」全般を示す言葉で、現在では「外国がわが国へ武力行使を仕掛けること」の意で使われています。

簡単にいえば、この「外患誘致罪」は、「外国と協力して日本に害を及ぼすヤツは死刑」ということですね。

日本国家の転覆《てんぷく》を企《くわだ》てるスパイ行為などはこの罪にあたると思いますが、幸いなことに、この刑が執行されたことは、まだ1度もないということです。

★奇想天外な植物の名前は？

アフリカのアンゴラとナミビアにまたがる砂漠地帯に分布する、「ウェルウィッチア」は、実に奇想天外な植物です。

なにしろ、生涯、たったの一対、つまり、2枚しか葉っぱを持つことがありません。朝顔の観察では、「最初にふた葉が出て」なんて始まりますが、あの2枚の葉がひたすらに長く、大きく成長していくイメージです。

葉っぱは2メートルから4メートルくらいまで伸び、ねじれたり割《さ》けたりして何枚もあるように見えますが、最後まで2枚だけ。高さは最大150センチくらいまでになり、巨大な葉っぱによって、直径は8メートルほどになることも。その姿は、まるで作り物の怪物植物です。

さらにこの植物、なんと1000年を超えるほど寿命が長い。ものによっては、2000年近く生きているものもあるとのこと。

この奇想天外な植物の名前、「ウェルウィッチア」とは、1859年にこの植物を発見したオーストリアの探検家フリードリヒ・ウェルウィッチから命名されたもの。和名では、サバクオモト（砂漠万年青）や、そのものズバリ、**キソウテンガイ（奇想天外）という名前**で呼ばれているのです。

もっとも多くの犠牲者を出した「人食いトラ」

普通、野生動物は人間だけを好んで襲うことはありません。しかし、腹ペコだったり、何かの理由で野生動物を捕らえられなくなったりすると、仕方なく人間を標的にすることもあり、「人食い○○」と呼ばれることがあります。

いわゆる「人食いライオン」として、もっとも有名なのは1898年に、イギリス領東アフリカ（現ケニア）のツァボ川付近に現われた2頭のオスライオンでしょう。**「ツァボの人食いライオン」と恐れられ、射殺されるまでの約10か月の間に28人の労働者が犠牲に**なりました。

しかし、このライオンをはるかに上回る犠牲者を出したのが、通称**「チャンパーワ**

ットの人食いトラ」です。

初めはネパールに現われたこのトラ。ジャングルで待ち伏せをして人を襲い、犠牲者を出し続けました。犠牲者が200人を超えて、ネパール政府は国軍を投入。射殺はできませんでしたが、国境から追い出すことに成功します。

国境の川を渡ってインドに入ったトラは、ここでも犠牲者を増やしていきましたが、1907年、ついに「チャンパーワット」という町で、イギリスのハンター、ジム・コルベットによって射殺されたのでした。

このトラによる犠牲者は、把握されているだけでも436人。世界一犠牲者を出した人食いトラとしてギネスブックにも収録されています。

高級な将棋の駒を見分ける方法

将棋に使う駒って、高級品になると百万円近くするものがあります。将棋盤はそれなりに大きいので高いのはわかるのですが、あんなに小さい将棋の駒がどうしてそんなに高くなるのでしょう？

駒の材料は、カエデ、ヒイラギ、ホオ、ツバキなどですが、もっとも高級なのはツゲの木。さらに、根っこの部分が一番美しい模様が出るので高級とされています。

木はそのままでは油と水分によってカビやすいので、まず、輪切りにして3年から5年も乾かします。

次に平たい板状にして、さらに乾燥。ここまでして初めて、五角形に切って、将棋の文字が印刷された字母紙《じぼし》を貼り、文字を彫刻刀で彫るのです。

この駒に、にじみ防止の薬品を塗り、彫った文字の溝に漆《うるし》で色をつけ、それをまた乾燥させ、最後に磨いてやっと完成となります。

また、**漆は厚く塗るほど高級で、溝から漆がはみ出して盛り上がった「盛り上げ駒」と呼ばれるものが一番高級**とされています。

どうですか。将棋の駒が高価な理由、わかっていただけましたでしょうか？

もちろん、安物の駒は、ツゲの木どころかプラスチック製。文字も彫るのではなく、印刷で済ませます。

最後に、良い駒の見分け方。良くできた駒は、**自分の持ち駒である王将から歩まで**

の20枚をぐるりと並べると、ぴったりとキレイな円ができるといわれています。

「頭を切り取られても生き続ける、スゴイ生き物」とは？

「トカゲのしっぽ切り」という言葉があるように、トカゲは逃げるときに自分でしっぽを切り離すことができ、これを**「自切《じせつ》」**といいます。

切り離したしっぽのあとには、次のしっぽが生えてきて、これは「再生」といいます。ただ、すべてのトカゲが「自切」「再生」できるわけではなく、さらに、再生したしっぽには骨がありませんので、完全再生というわけではありません。

ところが、世の中には、しっぽどころか頭のほうを切られて下半身だけになっても生き続け、そのうち頭を再生してしまうスゴイ生き物がいます。

えっ？「ゾンビだろう」ですって？　いえいえ、奴らは頭を切り離せば死にます……というより、ゾンビの時点で死んでいます。

頭を再生するスゴイ生き物、それはナマコ。

ナマコは、呼吸器官（水肺）がお尻にあるので、頭が無くなっても、この水肺さえ残っていれば生きられるのです。

ただ、ナマコやヒトデ（ヒトデは1本の腕から全体を再生できます）などの棘皮《きょくひ》動物には「頭」という概念がないので、正確には頭ではなく、「肛門の反対側」が正しい表現かもしれませんが……。

人類にとっての「奇跡の1万年」って？

「人類はその有史以来、世界のどこかで戦争が無かった瞬間はない」という話を聞いたことがあります。

それほどまでに戦争を繰り返している人類において、**日本の縄文時代は、なんと、1万年以上も、人同士が争った形跡が無いの**だそうです。

遺跡は数千か所も発見されているのに、海外の遺跡では普通に発見される「武器や戦って死んだ人の痕跡」がまったく発見されていません。

そして、植物採取や狩猟のための道具は見つかるのですが、刀剣や槍など、武器と呼べるものは出土していないのです。

どうも、日本の縄文人は戦争を、というより、争って殺し合うということをしなかったようなのですね。これって、**世界に類を見ないこと**なのだとか。

まさに、奇跡の1万年。

そういわれて思い出してみると、日本史の教科書に出てくる最初の大事件は「大化の改新」でした。そして、応仁の乱以降は、言いも言ったり、その名も「戦国時代」に突入。江戸時代に少しお休みがあっただけで、明治以降もまた戦いに明け暮れて、第二次大戦で敗戦するまで、ずっと戦っていたのだと気づかされますね。

9章

ドラえもんの「身長」にこめられた秘密って?

知ってる"あの作品"の知らない「エンタメ」雑学

♫『吾輩は猫である』のモデルになった猫の名前は？

「吾輩《わがはい》は猫である。名前はまだ無い。」

ご存じ、夏目漱石の名作『吾輩は猫である』の冒頭です。

主人公の猫は、結局、最後まで名前がないまま終わりますが、漱石がこの物語を書くにあたって、モデルにした飼い猫の名前は何だったのでしょうか？

小説のモデルになったのは、漱石の家に住みついてしまった黒猫でした。

猫嫌いだった漱石の奥さんが何度追い出しても戻ってきてしまい、それを知った漱石が家で飼うことにしたのです。

さて、肝心の猫の名前ですが、漱石は、この猫のことを「ネコ」としか呼んでいませんでした。

結局、**小説の主人公と同様、名前を付けられることはなかった**のです。

この猫は、俳句雑誌『ホトトギス』での『吾輩は猫である』の連載が終わった2年後に病気で死んでしまいましたが、翌日、漱石は4人の弟子たちにわざわざ猫が死んだことを報告する手紙を書いていますから、漱石さん、結構可愛がっていたようです。
猫の墓標には、「猫の墓」とだけ書かれてあったということです。

光源氏の「本名」を知っている?

日本を代表する古典文学の1つ『源氏物語』の作者といえば、いうまでもなく紫式部ですよね。でも、この呼び名、本名ではありません。父親の藤原為時《ふじわらのためとき》の役職である「式部」と『源氏物語』の登場人物、紫の上の「紫」を合わせた名といわれています(清少納言も同じく父親の清原元輔《きよはらのもとすけ》の役職、少納言を使った呼び名ですね)。

そもそも、平安時代、本名はあまり他人に知らせるものではなかったのです。特に女性の本名は、母親と夫くらいしか知らず、父親でも娘の実名を知らないことがあったとか。
ですから、作者の紫式部だけでなく、彼女が書いた『源氏物

語』の登場人物もニックネームだらけなのです。

そもそも、主人公の光源氏からして、「光り輝くほど美しい源氏の人」という意味のニックネームで、**本名は不明。**母親の桐壺更衣《きりつぼのこうい》も、妻の葵《あおい》の上《うえ》も、息子の夕霧《ゆうぎり》もぜ〜んぶニックネーム。『源氏物語』には約430人もの登場人物がいますが、本名で呼ばれる人物はたった6人しかいないそうです。

この『源氏物語』で用いられた美しいニックネームは『源氏名《げんじな》』として、大奥に仕える女性の呼び名などに使われ、現在では、水商売で働く女性がお店で使う呼び名などへと引き継がれているのです。

こんな「こだわりを持つヒーロー」、誰でしょう？

クイズです。次のようなこだわりを持つ、架空のヒーローは誰でしょう？

「卵のゆで時間はきっちり3分20秒」

「ドンペリは必ず3度以下に冷やして飲む」

「ビートルズは耳栓をして聴かなくてはならない」

「紅茶は泥水のようなものだから絶対に飲んではいけない」

おわかりになりますか？

ヒントは、何度も映画化されているイギリスのヒーローです。

そうです。答えは**007こと、ジェームズ・ボンド**。

それにしても、イギリス人としては、変人に近いレベルのこだわりですね。

特に、ビートルズや紅茶など、英国人なら誰でも好きそうなものを嫌っています。

これは、作者のイアン・フレミングが、あえてそういう設定にすることで、ボンドの個性をより強調したのかもしれませんね。

次元大介、峰不二子の元ネタは？

何度も映画化、テレビアニメ化され、根強い人気を持つヒーロー、ルパン三世。

ところで、この作品のキャラクター、ルパン三世、石川五ェ門、銭形警部は、それぞれ、アルセーヌ・ルパン、石川五右衛門、銭形平次のパロディだということはわかりますが、「次元大介と峰不二子って、いったい元ネタは誰？」って思ったことはありませんか？

実は、**次元大介も峰不二子も、元ネタがいない作者のオリジナルキャラクター**です。

次元については、作者のモンキー・パンチさんが「四次元」などというときの「次元」という言葉が好きで考えた名前とも、「事件大好き」をもじった（ともに作者談）ともいわれています。

イメージは、映画『荒野の七人』に出てくるナイフ投げの名手からで、「ルパンを長髪にしてヒゲと帽子を付け加えて完成されたキャラ」とのこと。つまり、もう1人のルパンという感じですね。

一方、峰不二子は、映画の007シリーズに登場するボンドガールの位置づけとして登場させるうち、いつの間にかルパン一味の1人になったもの。その名前は、作者がネーミングに悩んでいたとき、たまたま目の前にあったカレンダーに横山大観の「霊峰不二」の絵画が出ていて発想したのだそうです（作者談）。

ドラえもんの「身長」にこめられた秘密って？

国民的漫画『ドラえもん』。
あなたはこのドラえもんの身長、体重、そしてスリーサイズをご存じでしょうか？
ズバリお教えしましょう。
身長　１２９・３センチ
体重　１２９・３キログラム
バスト　１２９・３センチ
ウエスト　１２９・３センチ
ヒップ　１２９・３センチ
ついでにいうと、ジャンプ力１２９・３センチ、パワー１２９・３馬力、ネズミから逃げるときの速さ１２９・３キロ。とにかく何でもかんでも「１２９・３」。
実は**この数字、『ドラえもん』の連載開始当時の小学校４年生の平均身長が１２９・３センチだったことからきている**のだとか。

作者の藤子・F・不二雄先生は、小学4年生ののび太をドラえもんが見下ろすことがないように設定したのだそうです（のび太の身長は140センチ）。

体重だけやけに重いですが、そこはロボットなので……。ただ、ドラえもんに抱きつかれたら、のび太は相当重いはずですね（笑）。

★アルプスの少女ハイジ、もう1つの物語

かつて高畑勲《たかはたいさお》監督でテレビアニメ化され、今ではパロディが某社のCMにもなっている『アルプスの少女ハイジ』。

スイス人女流作家、ヨハンナ・シュピリ原作のこの作品。もちろん主人公はハイジで、ペーターやクララとの交流が物語の中心です。でも、実はハイジを預かる「アルムのおんじ」に注目すると、もう1つの物語があぶり出されてくるのです。

原作でのおんじは、若いころは賭け事や酒に明け暮れ、傭兵として戦争に参加。それだけで村の人たちからは「人殺し扱い」をされています。そんな状況で息子のトビ

アス（ハイジの父）が大工仕事中の事故で死亡。奥さん（ハイジの母）もショックで身体を壊して亡くなってしまい、村人たちが「おんじが罰当たりなせいだ」と彼を責めたことから、おんじは村人から離れ、アルムの山に小屋を建てて引きこもるのです。

そうして年月が経ち、70歳になったある日、親戚のデーテが息子の忘れ形見であるハイジを連れてくるのです（アニメの第1話ですね）。

そうなんです。この物語、**「ひねくれて世捨て人のように生きていたおんじが、孫娘と一緒に暮らすうちに心を再生させる物語」としても読める作品**だったのです。

原作が多くのスイス人に支持される理由の1つは、かつては傭兵で、心を閉ざしてしまったおんじにも、感情移入できる人が多かったからなのかもしれません。

ムーミン、身長の秘密

『アルプスの少女ハイジ』の次は、フィンランドの国民的作家、トーベ・ヤンソンが生み出したムーミンです。あなたは、ムーミンの身長はどれくらいだかご存じですか?

見た目がカバに似ているのと、一見人間のように見えるミイやスナフキンの身長と比べてみて、1メートル20センチくらいかな、と思っていませんでしたか?

ムーミンの身長について、ヤンソンさんはこういっています。

「電話帳くらいの大きさ」

フィンランドの電話帳は日本と違って大きさが1メートルを超えている……ということはいっさい無くて、高さはせいぜい30センチくらい。キティちゃんの身長は「リンゴ5個ぶん(つまり50センチ弱くらい?)」、ピカチュウは身長40センチですから、ムーミンのほうがさらに小さいというわけです。もちろん、ミイやスナフキンも人間よりずっと小さい。

ちなみに、ムーミンとは固有名詞ではなく、ムーミンという種族の呼び名です。だからムーミンパパも子どものころはムーミンと呼ばれていたのです。

なお、ムーミンはよくカバ……ではなく、妖精だと間違われることがありますが、ヤンソンさんは「動物でも人間でもなく、もちろん妖精でもない。しいていえば『生きもの』でしょうか」と語っています。

オバケのQ太郎は、なぜ毛が3本？

『オバケのQ太郎』のQ太郎と『サザエさん』の波平さん、頭の髪の毛が多いのはどっち？

クイズの世界では有名なひっかけ問題です。一瞬、Q太郎は毛が3本で波平さんは1本だから、毛が多いのはQ太郎と思うのがミソで、実は波平さんは耳の上あたりにたくさん毛が残っていますよね。

こんな問題が今でも出題されることがあるくらい、Q太郎の頭の毛が3本ということは有名ですが、この毛が3本、実は原作者の藤子不二雄両先生が決めたことではないのです。

その証拠に『週刊少年サンデー』連載当初のQ太郎の頭には、何本も毛がありました。

それがなぜ、3本になってしまったのか？

実はこれ、『オバケのQ太郎』を**アニメ化するにあたって、制作会社である東京ム**

ービーの当時の企画部長が「ふさふさ頭では絵を動かしにくい」と3本にしてしまったからなのです。

同アニメの主題歌で、頭のテッペンに毛が3本と歌ってすっかり定着してしまい、漫画のほうがアニメに合わせたというのが理由なのだそうです。

『墓場鬼太郎』ではタイトルが怖すぎるので『ゲゲゲの鬼太郎』と改題してアニメ化されるなど、かつてはアニメ化にあたって原作漫画に変更が加えられることがよくあったのです。

ゴルゴ13が言った、衝撃のジョーク

さいとう・たかをさんが描く完璧な殺し屋、デューク東郷が活躍する劇画『ゴルゴ13』。初登場は1968（昭和43）年ですから、かなりの長寿作品です。

主人公のゴルゴ13は、依頼された仕事は必ず成功させる凄腕スナイパー。ほとんどムダ口をたたかず、黙々と仕事をこなしていきます。

しかし、連載が始まったばかりのころの彼は、意外におしゃべりでした。

今のゴルゴ13では考えられないことですが、記念すべき第1話、『ビッグ・セイフ作戦』の中では、なんと、**トランクに詰まった札束を受け取るときに、「領収書はいらないだろうね？」と、軽いジョークまで飛ばしている**のです。

さらに、第37話の『AT PIN-HOLE！』では、FBI捜査官から「何かしゃべってみろ」といわれて、「犬も歩けば……棒に当たる……」と、会心のジョークをはなっています。捜査官がアメリカ人だったために、残念ながら笑いは取れませんでしたが(笑)。

ちなみに、ゴルゴ13のイメージは、さいとう・たかをさん曰《いわ》く、俳優の高倉健さん。モデルになった健さんは、1973（昭和48）年、映画でゴルゴ13を演じています。

フーテンの寅さんの「職業名」、知ってる？

全部で48作と、1人の俳優が演じたもっとも長い映画シリーズとしてギネスブックにも掲載されている『男はつらいよ』。

主人公の寅さんこと車寅次郎は、全国を渡り歩き、縁日などで露店を出しては、軽妙な調子でものを売っていました。

こうした、寅さんのような仕事をしている人たちをなんと呼ぶか、ご存じでしょうか。

答えは、**香具師《やし》**。

もともとは、薬や「香具《こうぐ》（＝お香を薫《た》く道具）」を売ることが多かったのでこの漢字が当てられ、「やし」の他に「こうぐし」と読まれることもあるそうです。

その語源は、「薬を売っていたので、薬師から『やし』になった」とか、「野武士が生活のために身分を隠して商売をしたので、『武』の字が取れて『野士』から『やし』になった」とか、「『山師《やまし》』が『やし』になった」など諸説があります。

面白いところでは、「道端に商品を並べて商売をした元祖の男の名が、弥四郎《やしろう》だったところから『やし』と呼ぶようになった」という説もあります。

香具師は「的屋《てきや》」と呼ばれることもありますが、こちらは、的《まと》に矢を当てる「的《まと》屋《や》」から出た呼び名といわれています。

『巨人の星』の星飛雄馬は命拾いしていた？

若いあなたはご存じないかもしれませんが、かつて『巨人の星』というアニメが、3年半もの間、30パーセント近い視聴率を維持する大人気だったことがありました。

内容は、人間を食べる巨人がたくさんいる星が舞台……というわけではなく、巨人、つまり読売ジャイアンツの「輝く星（エースピッチャー）」になることを目指す親子の物語です。主人公の星飛《ほしひ》雄馬《ゆうま》というスットンキョウな名前は、原作の梶原《かじわら》一騎《いっき》さんが、作品のテーマである「ヒューマニズム」から名付けたのだとか。

ところがこの『巨人の星』、原作漫画が最終回を迎える前にアニメのほうが最終回の用意をしなくてはならなくなり、ラストのシナリオをどうするかが大問題になったそうです。

やっとひねり出したのは、**命がけの魔球をずっと投げていた飛雄馬が、優勝がかかった試合でライバルをおさえ勝利するが、マウンド上で絶命する**というもの。

原作者とスポンサーの同意を取り付け、あとは最後の会議を通すだけ、というところまできたのですが、最後の最後で、テレビ局の重役から**「主人公が死んで、どうして巨人の星なのか？」**とクレームが入って、お流れになりました。

このおかげで、結局、飛雄馬は利き腕を壊して再起不能になるだけで命拾いをしたのです。

アニメに配慮してか、原作漫画でも、飛雄馬は死にませんでしたが、梶原一騎さんはのちの原作漫画、『侍ジャイアンツ』の最終回で、主人公をマウンド上で死なせています。実は梶原さんも、本当はラストで飛雄馬を死なせたかったのかも？

「バカボンのパパ」がバカになった理由って？

いきなりクイズです。

問題　生まれてすぐに、「天上天下唯我独尊《てんじようてんげゆいがどくそん》」と言った漫画の主人公は誰でしょう？

えっ？「お釈迦様だろう」ですって？　いいえ、違います。

答えは、バカボンのパパ。

ご存じ赤塚不二夫の傑作『天才バカボン』に出てくるバカボンのパパは、実は子どものころは大天才だったのです。

しかし、**道を歩いているときに風が吹いて大きなくしゃみをしたはずみで、頭の中の歯車が1つ外れて口から出てしまい、その瞬間からバカになってしまった**というのが、原作でパパがバカになった理由です。

こうしてみると、子どものハジメちゃんが天才だったのはパパの遺伝でしたか……。

ちなみに、バカボンのパパのモデルは赤塚不二夫の実父といわれています。

生前、赤塚先生は「一番気に入っているキャラクター」としてバカボンのパパを挙げていて、その理由を「どんなに酔っ払っていてもバカボンのパパの顔だけは、ちゃんと描けるから」と語っておりました。

ガリバーが日本に来てついたウソとは？

アイルランドの作家スウィフトが書いた『ガリバー旅行記』。

イギリス人の主人公ガリバーが小人の国リリパット、巨人の国ブロブディンナグ、空飛ぶ島ラピュータなどを訪れる風刺に満ちた物語です。

この本の中に出てくるガリバーの訪問先で、唯一、実在するのが我が国、日本です。日本が登場するのはガリバーの第3の旅。ガリバーは不死の人がいるラグナグという国から日本を経由して本国イギリスへ帰ろうと考え、ラグナグ王の親書をたずさえて日本の国王を訪ねます。ときに1709年のこと。日本の国王とはつまり徳川将軍のこと。年代的には徳川家宣《いえのぶ》と会見したわけですが、もちろんすべて作者の創作です。

しかし、当時の日本は鎖国の真っ最中。長崎の出島でオランダと通商があるだけでした。そこでガリバーは、**自分はオランダ人だとウソをついた**のです。

そして、「ナンガサク（長崎）からオランダの商船に乗ってオランダに帰りたい」と申し出ました。その際、「踏み絵は勘弁してほしい」と申し出たことから、「踏み絵を嫌がるオランダ人は初めて見た。もしかしたらオランダ人ではないのでは？」と疑われますが、うまくゴマかすことに成功しています。

長崎に着いたガリバーは、アンポニア号というオランダの船に船医として乗り込み、アムステルダムへ。そこから船に乗って、無事、イギリスへと帰り着いたのでした。

西部劇「マカロニウエスタン」はなぜできた？

あなたは「マカロニウエスタン」をご存じですか？

1960～70年ごろ、イタリアで作られた西部劇のことをそう呼びます。

そういう呼び名は知っていても、実際に『夕陽のガンマン』『荒野の用心棒』などの映画をご覧になったことがある方は少ないかもしれませんね。

当時はジュリアーノ・ジェンマなんてイケメンスターが女性に大人気。今ではシブイ大御所スター兼名監督になったクリント・イーストウッドも、若いころはガンマン役でマカロニウエスタンにバンバン出ていました。

この「マカロニウエスタン」という呼び名は、映画解説者の淀《よど》川長治《がわながはる》さんが日本人向けに考えた呼び方で、他の国では「スパゲティーウエスタン」と呼ばれているというのは雑学ネタの定番ですよね。

それにしてもどうして、イタリアで西部劇が量産されたのでしょう？

考えてみれば、少し……いや、かなり強引です。

これ、実は、**もともとイタリアの小さな映画制作会社が「なんとか安く映画を撮れないか？」と考えて、ハリウッドで仕事にあぶれていた西部劇のスタントマンたちに目をつけたのがきっかけ**でした。

彼らを安いギャラで大量に雇って映画に出すには、西部劇以外は考えられなかったというわけです。苦肉の策の西部劇でしたが、カッコイイ男たちが演じる派手なアクションが人気を呼んだのです。

井原西鶴の「お金持ちになれる薬」って？

井原西鶴《いはらさいかく》の『日本永代蔵《にっぽんえいたいぐら》』をご存じでしょうか？

1688（貞享5）年に刊行されたこの浮世草子《うきよぞうし》、中身は、どうすればお金持ちになれるかの心得などが書かれていて、現代のビジネス書や自己啓発本のような内容なのです。

このなかに、「金持ちになる薬」なるものが出てきます。別に「白い粉を闇で売って大儲けする」という話ではありません。

「金持ちになる妙薬」は、その名も「長者丸《りようじやがん》」。

井原西鶴さん曰く、その作り方は……。

「早起き五両」「家職《かしよく》二十両」「夜詰《よづ》め八両」「始末十両」「達者七両」、以上、五十両を混ぜて処方する。

両とは、パーセントの感覚でしょうか。

「早起き」は「朝早くに起きて働き始めよ」の意。「家職」は家業、本業の意。「夜詰め」は残業の意。「始末」は倹約、節約などの意。最後の「達者」は健康の意。

つまり、**「朝から夜まで仕事に精を出し、無駄遣いをしないで、健康に気をつけていなさい」**。そうすればお金は貯まりますよということ。

西鶴さ〜ん！　当たり前やないか〜い！　とはいえ、今でも通用する内容という点はすごいと思います。

★無観客なのに開催された、〝思い出したくない〟大相撲

大相撲の歴史の中で、たった1度だけ、**観客が1人もいない中で開催された**場所があります。

それは、1945（昭和20）年の夏場所。そうです。ときは第二次大戦の真っ最中。空襲の危険がある中、旧両国国技館において、6月7日から7日間にわたって、一般人非公開で開催されたのです。取り組みはラジオで実況中継されましたが、国内での放送はなし。つまり、日本の国民は誰も聴くことはできません。

この実況は、海外にのみ、録音したものが配信されました。

なぜ、こんなことをしたのかでしょう？

実は、**海外に向けて「日本はまだ、大相撲の場所を開くくらい余裕があるぞ」とアピールするための開催**だったのです。

観客ゼロの中で取り組む力士たちの思いはいかなるものだったのでしょう。戦争という狂気が生み出した、大相撲の哀しい一幕です。

ちなみに、２０１１（平成23）年5月には、観客は入れたが無料の「技量審査場所」が行なわれました。これは、同年に発覚した八百長事件を受けて、信頼回復まで本場所の開催を見送ったために、このような形で開催したのですね。

大相撲史上に残る巨人力士の勝敗は？

大相撲の力士は、生で見ると本当に巨大です。まあ、私の背が低いので余計に大きく感じるということはあるかもしれませんが……。

そんな体の大きい力士のなかで、もっとも背が高かったのが、江戸時代の力士、その名も生月鯨太左衛門《いけづきげいたざえもん》です。

現在の長崎県平戸市出身。子どものころから巨童として江戸にも知られる存在で、初土俵は18歳のときでした。

何しろ身長２２７センチ、体重１６９キロですから、現代でも十分に巨人。平均身長が低かった江戸時代の人たちは目を見張ったことでしょう。

身体は大きかったものの、幕内在位期間はわずかに12場所だけ。興行の見世物としての「看板力士」の役割が強く、通常は土俵入りを披露するのみで、実際に土俵に上がったのはひと場所だけだったそうです。

残念なことにわずか24歳にして病死してしまいました。

その通算成績は、3勝2敗115休と伝わっています。

10章

「赤の他人」は、なぜ青でも黄でもなくて、赤？

意味がわかると気持ちいい！「言葉」の雑学

お祭りのときの「わっしょい」って、どういう意味？

お祭りのときには、お神輿《みこし》をみんなでかつぎます。

そんなときの掛け声は「わっしょい！　わっしょい！」です。

でも、この「わっしょい」って、いったい何を意味している言葉なのでしょう？

一番、有力な説は、**「和を背負う」という意味**の「和背負《わせお》い」という言葉が訛ったというもの。

ここでいう「和」は「仲良く背負え」という意味の「和」の他に、日本を表わす「大和の国」の「和」だという説もあります。この場合は「日本を背負え」という意味になりますね。

いずれにしても「和を背負う」とは、なんともいい言葉ではありませんか！

ちなみに、「わっしょい」の語源として、この「和背負い」説以外に、韓国語で「来る」という意味の「ワッソ」が訛ったという説もあります。しかし、「わっしょい」という日本語は、韓国語が成立する前からあるので、どうもこの説は間違いのようです。

綱引きの掛け声、「オーエス」っていったい？

私はかつて『アメリカ横断ウルトラクイズ』に出たとき、ハワイで「綱引きクイズ」をやりました。終わったあとは腕がパンパンになったのを覚えていますが、そのとき、同じチームになった仲間と綱を引っ張るときに発した掛け声は「オーエス」でした。

この、綱引きのときの掛け声の「オーエス」っていったい何なのでしょう？

一番有力な説は、**フランスの語の「oh hisse（オー・イス）」からきている**というもの。これは、「水夫たちが帆を上げるときの掛け声」で、**「さあ、引っ張れ！」**とか**「せーの！」**程度の意味になります。

これについて、日本綱引き連盟では次のように説明しています。

「日本で綱引きが運動会の種目として行なわれるようになったのは明治初期。当時はイギリス人の指導によるもので、外国人との交流も行なわれて一緒に楽しんだ。このとき、運動会の中で、チームの呼吸を合わせるための掛け声が、日本人に『オーエス』と聞こえたことから、綱引きの掛け声として定着した」

なるほど。

フランス語の掛け声を、イギリス人から聞き、その聞き間違いが日本に定着したとは……。綱引きの掛け声ひとつにも歴史ありですね。

船乗りが言う「ヨーソロー」って何語？

映画などで、船乗りが「面舵《おもかじ》いっぱーい！」とか「取り舵いっぱーい！」と叫んでいるシーンを見たことがありませんか。

いうまでもなく、「面舵」は船の進路を右にとること、「取り舵」は左にとることですね。

同じように、船をそのまま直進させるとき、船員が「ヨーソロー！」と叫んでいるのを聞いたことがあると思います。

ところで、この「ヨーソロー」という言葉。

どこの国の言葉かご存じでしょうか？

なんだか、西洋的な匂いがプンプンするこの言葉、**実はれっきとした日本語**なのです。

「ようそろ」の語源は、「宜《よろ》しく候《そうろう》」。

航海用語で船を直進させることを意味する操舵《そうだ》号令ですね。

なんと、幕末のころの海軍からの名残で、日本海軍、そして現在の海上自衛隊では、転じて「了解」「問題なし」の意味で復唱されるようになっているそうです。

もちろん漢字で書くこともできて、「宜候」とか、まれにではありますが、「好候」などと表記されます。

「ヨーソロー」の「ソロー」の部分が、「候《そうろう》」だったとは、少し意外ですよね。

「いびつ」の語源になった、いびつな形のものとは？

「歪む」という漢字は、「歪」というひと文字では、「いびつ」と読みます。

国語辞典でこの「歪《いびつ》」を引くと、意味は次のように出てきます。

① 物の形がゆがんでいること。また、そのさま。

② 物事の状態が正常でないこと。また、そのさま。

③ 楕円《だえん》形。小判形。

さて、この「歪」という言葉のもとになった、「いびつなもの」とは、いったい何だと思いますか？

実は、この**「いびつ」という言葉、もともとは「飯櫃《いいびつ》」から来ている**のです。

飯櫃って、炊いたご飯を入れておく「おひつ」のこと。ほら、和風の旅館に泊まって部屋で食事をするとき、炊き立てのご飯が入っている木製のあれです。

今では円形の桶《おけ》のような形が多いですが、あれ、昔は楕円《だえん》形（小判型）だったのです。

そのため、「いいびつ」「歪」という言葉が楕円形を表わすようになり、「円形でないもの」→「ゆがんでいるもの」となったというわけです。

「贅沢三昧」の「三昧」って？

私はある時期、古い映画にハマったことがありました。

ちょうど、世の中にレンタルビデオ店が出始めて、昔の名画や名前しか聞いたことがなかった映画を「ビデオで借りてきて家で観られる」という映画好きには夢のような環境になって、映画三昧《ざんまい》におちいったのです。

さて、この映画三昧というときの「三昧」という言葉。もともとはとても高尚な意味でした。

「三昧」という漢字は当て字で、そのルーツは**サンスクリット語の「サマーディ」**という言葉。

これは、**仏教において、精神統一の究極の状態をいう表現**で、つまりは、修行や瞑想をする上で、他のものに気移りせず、集中して迷いのない境地に至ることをいった言葉なのです。

それが、「1つのことに集中する」→「そればかりやっている」という意味に変化していき、「贅沢三昧」とか「パチンコ三昧」などのように、どちらかといえば悪い意味で使われるようになってしまったのです。

芥川龍之介の作品に『戯《げ》作三昧《さくざんまい》』という滝沢《たきざわ》馬《ば》琴《きん》を主人公にした作品がありますが、これは晩年の馬琴の心の到達点を描いていて、「三昧」という言葉を好意的な意味で使っています。

言えるかな？　英語の早口言葉

「隣の客はよく柿食う客だ」

早口言葉の定番ですね。考えようによってはシュールな文章です（笑）。

「東京特許許可局」というのも有名ですね。ちなみに、もちろんそんな名前の役所は存在しません。

ハリウッドスターのエディ・マーフィーは（早口言葉ではありませんが）、とてつもない早口でセリフをまくしたて、しかも、英語でダジャレを連発するので、翻訳者泣かせの俳優として知られていますが、さて、早口言葉って、英語にも存在するのでしょうか？

答えはＹＥＳ。

英語では「tongue twister」（舌をねじるもの）と呼ばれています。

１つご紹介しましょう。

【Peter Piper picked a peck of pickled peppers.】

「ピーター・パイパーは、たくさんの酢漬け唐辛子をつまみ食いした」

無理にカタカナ表記すれば、

「ピーター・パイパー　ピックタ　ペッコヴ　ピッコッ　ペッパーズ」。

もともとは伝承童話集の『マザーグース』に由来するものだそうです。

英語圏の人と話をする機会があったら、ぜひ、言ってもらってみてください。

「ゴタゴタした話」を最初にしたのは誰？

やっかいごとや、こんがらがったことを「ゴタゴタ」なんていいますよね。

この「ゴタゴタ」という言葉、実は人名に由来しています。

言葉のもとになったのは、鎌倉時代に宋《そう》から北鎌倉に招かれた臨済宗の僧、**兀庵普寧**《ごつたんふねい》なる人物。

それなりの高僧だったのですが、何しろ建長寺で行なわれた歓迎式典のときに、ご本尊に礼拝をせず、「自分よりも位が低い菩薩のほうが私の前に出てきて挨拶をするのが筋である」とのたまって、最初から問題を起こします。

その後も事あるごとに、口やかましく、へ理屈ばかり言うので、周りからは「また、ごったんが何か言ってるよ」と総スカンを食っていました。

そのうえ、説教がやたらに長くて、「簡単なことをワザとわかりにくく言っているのか？」というくらい複雑。小学校の全校朝礼だったら児童が全員保健室に運ばれるくらいの話しぶりだったのだそうです。

それで、**込み入っていてわかりにくいという意味で「話がごったんごったんしている」なんて言い始めて、それが「ゴタゴタする」という言葉になった**といわれています。

「マメな人」の「マメ」を漢字で書くと？

それほどイケメンというわけでもなく、お金持ちでもないのに女性にモテる男。そういう男はどういう男なのかというと「マメな男」なのだそうです。

ところで、あなた。この「マメな人」の「マメ」を漢字で書けますか？

えっ？　「『豆な男』だろう」ですって？　いいえ、違います。

答えをいいましょう。漢字で書くときには、次の2種類の書き方があります。

「忠実な男」「実な男」

どうして、こんな字を書くのかには次のような説があります。

まず、「実」という字には「ウソのないこと」とか「真実の心」という意味があり、さらに、この「実」が「木の実」というように「種子」という意味もあることから、それが「種子」→「豆」→「マメ」に変化したので「実」という字を書くという説。

この「マメ」はもともと「真実《まみ》」（まじめ、実直、誠実などの意）が変化したものであり、「実」のほうが「目《め》」に変化し「真目《まめ》」となったが、表記は「真実」のまま残ったという説。

いずれにしても、「マメな人」とは、語源から見ても、「正直な人」「実《じつ》がある人」「真面目な人」「誠実な人」など、いい意味がたくさん含まれているのですね。

もともと、そういう意味もあり、現在のように「勤勉」「健康」などの意味があるのですから、「マメな男」、たしかにこれは、モテるわけですナ。

★「ヤバい場所」って、どんな場所？

「ヤバいよ、ヤバいよ」

タレントの出川哲朗さんの口グセ……というより、出川さんの物まねをするときの定番フレーズです。

この言葉、以前は「危ない」という意味でしたが、今は美味しいものを食べたときなども、「このパンケーキ、ヤバい」という使い方をしますよね。

さて、この「ヤバい」の語源として有名な説は2つです。

1つ目の説は、江戸時代に、犯罪者を収容する**牢屋のことを厄場《やくば》と呼んでいたことから、「牢獄へ入れられるような危ない橋を渡る」ということ**を、「やくば」といい、それがだんだん「やば」に転じ、末尾に「い」を付けて「ヤバい」になったというもの。

2つ目の説は、江戸時代に庶民が的当ての**矢で遊んだ遊戯場のことを「矢場《やば》」といい、そこで働いている人は、矢を回収するときに危険だったこと**から、危ないことを「矢場《やば》い」と呼ぶようになったというものです。

この「矢場」語源説では、他に、矢場はお役人から目を付けられていた場所なので、出入りするのは「危ない」ということが語源になったという説もあります。

牢屋にしても矢場にしても、「ヤバい場所」が語源になっていたのですね。

「赤の他人」は、なぜ青でも黄でもなくて、赤？

「赤の他人」という言葉があります。

もちろん、これは「縁もゆかりもない、まったくの他人」という意味です。

でも、この言葉、どうして「赤」なのでしょう？

そもそも人間関係に色なんてありませんよね。

そういえば、「真っ赤なウソ」という言葉もあります。

今度は赤どころか「真っ赤」。もちろん、「ウソ」には色がついているわけではありません。

実は、そもそも、**「赤」には、「明白な」「まったくの」といった意味がある**のです。

というより、「赤」の語源は「明るい」ですから、色としての「赤」という意味よりも、どちらかといえば「明白な」という意味のほうが先ともいえます。

つまり、「赤の他人」は「明白な他人」、「真っ赤なウソ」は「まったくのウソ」というわけですね（「赤の他人」には仏教用語からきたという別説あり）。

同じ使い方に、「赤っ恥」「赤裸々《せきらら》」「赤貧《せきひん》」などがあります。

ちなみに、「明るい」の反対の「暗い」は、「黒」という言葉の語源といわれています。

「天使」が出てくる粋な言葉

「天使」が登場する粋な表現を2つご紹介しましょう。

まず1つ目はフランスのことわざ。

　たとえば飲み会のとき、それまで皆が話をしていたのに、ふと、全員の会話が途切れる瞬間があります。そんな瞬間のことをフランス語で「Un ange passe.」、つまり**「天使が通る」**といいます。

　一瞬、シンとして静かになってしまったとき、誰かが「あら、今、天使が通ったわね」と言ってその沈黙をやぶり、また、何ごともなかったかのように会話を続けるというのが正しい使い方。

沈黙の気まずさを、「天使」に登場してもらって粋にカバーする言葉なのです。

2つ目はワインやブランデーの製造現場で使われる言葉。

ワインやブランデーを作るときは、「樽の中で熟成させる」という工程がありますよね。この熟成期間は、長いときには何十年にもなりますが、その間に、お酒の中の水分やアルコール分が蒸発して樽の外に出てしまい、完成時には、最初に仕込んだときよりも量が微妙に減るのです。

この減った分を**「天使の分け前」**とか**「天使の取り分」**と呼びます。

当然、熟成年数の長い酒ほど、「天使の分け前」も多くなるわけですね。

「天使が通る」も「天使の分け前」も、なかなか粋な表現だと思うのですが、いかがでしょう。

! 「百聞は一見にしかず」には、続きがある？

「百聞は一見にしかず」ということわざに、「続きがある」という話があります。

　そもそもこの言葉、もともとは、『漢書《かんじょ》』のなかで、皇帝から反乱軍に対する戦略を尋ねられた趙充国《ちょうじゅうこく》という将軍が「百聞は一見におよびません。遠く離れた場所にいては戦略を立てにくいので、自分が現地に行って実際にこの目で見てから、戦略を申し上げたい」と言ったのが最初なのだそうです。

　ですから、出典としては「百聞は一見にしかず」だけなのですが、どうやら、のちの人たちがそれっぽい続きを考えたようなのです。その続きとは、次のようなもの。

百見は一考《いっこう》にしかず
百考は一行《いっこう》にしかず
百行は一果《いっか》にしかず

　意味を意訳すれば、

「見るだけでなく、考えないと意味がない」

「考えるだけでなく、行動するべき」

「行動するだけでなく、成果を出さなければ意味がない」

　つまり、「ちゃんと現場を見て、考えて、行動して、成果に結び付けなさい」と、まるで現代のビジネス書のようなことをいっています。

誰が付け足したのかは謎ですが、なかなか、うまい続きを考えたものですよね。

ベランダで、洗濯物が「はしゃいで」いる？

久しぶりのファミリーレストランで、すっかりテンションが上がってしまった子どもが大騒ぎをしていて、お母さんから「これ！　はしゃぐんじゃありません！」と怒られているシーン。よく見かけますよね。

この「はしゃぐ」という動詞。

辞書を見ると、「①かわく。乾燥する」「②調子にのって、うかれ騒ぐ」と、2通りの意味が出ています。

実はこの「はしゃぐ」、**「乾燥する」という意味**の言葉だったのですね。

漢字では、「乾燥」の「燥」の字を使って、そのものズバリ、「燥《はしや》ぐ」と書きます。

そもそも、元気がなくてしょげている状態を「湿っぽい」とか、「心が湿る」と表現しますよね。「湿る」の反対は「乾く」ですから、そう考えると、なるほどと思います。語源としては、「木が乾燥して反り返る」ことを「はしやぐ」といい、それが「はしゃぐ」と発音されるようになったのだとか。

ちなみに、物干し竿《ざお》に**干した洗濯物が、乾いて風にそよいでバタバタと元気よくなびく様子のことも「はしゃぐ」**といいます。

「風で洗濯物がはしゃいでいるねぇ」なんて言うと、言葉を知っている人と思われる……かもしれません。

もっとも多くの読み方を持つ漢字は？

一番たくさんの読み方を持つ漢字って何でしょう？

はい、あなたの予想の通りです。**「生」の字が1位**です。

しかも、他の字を寄せつけない圧倒的な1位。その**読み方は、150種類以上ある**といわれています。

まず、常用漢字表に載っている「生」の字の読み方を見てみると、読み方は、「セイ」「ショウ」「い（きる）」「う（まれる）」「お（いたち）」「は（える）」「き（糸）」「なま（放送）」という8つ。

これ以外の読み方でよく使う例をあげると、「誕生（じょう）」「生（いけ）垣」「生（あい）憎」「芝生（ふ）」「生（きっ）粋」「生（なり）業」「鈴生（な）り」「生（いけ）贄（にえ）」など。

この他に「埴生（はにゅう）」や「弥生（やよい）」「寄生木（やどりぎ）」「生命（いのち）」のように、2つ3つの文字を書いて1つの読み方になっているような言葉が多いこと、さらに、「相生（あいおい）」「福生（ふっさ）」「壬生（みぶ）」「生見（ぬくみ）」「竹生（ちくぶ）島」「麻生（あそう）」「生方（うぶかた）」など地名や人名に「生」の字が使われることなどが、読み方が多い理由になっているのです。

「夜なべする」の「なべ」とは？

『かあさんの歌』（窪田聡・作詞作曲）という童話では、母親が夜に、子どもの手袋をあんでやる様子が歌われています。

この歌でも歌われているように、夜に仕事や作業をすることを「夜《よ》なべする」といいますよね。

ところでこの「夜なべ」とはいったい何のことなのでしょう？

子どものころ、「夜なべ」と聞くと、食べる鍋のことが思い出されて、囲炉裏《いろり》の上につるされてグツグツと煮えている鉄鍋の映像が浮かんできたものです。

でも、私のこの想像、実は間違いではなかったのです。

この「夜なべ仕事」の語源として、有力な説の1つは、**「夜、鍋ものを食べながら仕事をするという意味」**というもの。

なんと、本当に食べる鍋ではありませんか！

ちなみに他の説としては、**「昼の仕事を夜まで延ばす」あるいは「夜、遅くまで」という意味で、『夜延べ』から『夜なべ』になった**などがあります。

ちなみに、「鍋」という漢字、土鍋が多かった昔は土偏で「堝」と書いていたのが、金属製のものが増えて、しだいに金偏で「鍋」と書くようになったのだそうです。

？木戸孝允を「こういん」と読むことがあるワケ？

クイズに凝っていた学生のころ。偉人について調べていて、よく疑問に思うことがありました。

たとえば、木戸孝允の読み方。本によって「きどたかよし」と書いてあったり「きどこういん」と書いてあったりするのです。いったい、どっちが本当の名前？　と悩んでしまったものです。他にも、源頼光（みなもとのよりみつ・みなもとのらいこう）、原敬（はらたかし・はらけい）、伊藤博文（いとうひろぶみ・いとうはくぶん）、二宮尊徳（にのみやたかのり・にのみやそんとく）なども同じく悩ましい。

実はこの「こういん」「らいこう」「けい」「はくぶん」「そんとく」などは、有職読《ゆうそく》み、あるいは故実読《こじつ》み、名目読《みょうもく》みなどと呼ばれるもので、**相手に敬意を払って、実名を口にすることを避ける意味から、本名の名前を意識的に変えて読む慣例的な読み方**なのです。

ですから、まあ「敬意を込めたニックネーム」みたいなものですね。

なお、菊池寛は本名の「ひろし」を「かん」、横溝正史は本名の「まさし」を「せいし」、松本清張は本名の「きよはる」を「せいちょう」と読ませていますが、こちらは有職読みというより、本名の読み方を変えたペンネームですね。

犬のことわざ、傑作選

「犬も歩けば棒にあたる」「夫婦喧嘩《げんか》は犬も食わない」「犬に論語」「犬猿の仲」「飼い犬に手を噛まれる」「負け犬の遠吠え」など、昔から身近な動物なだけに、犬が登場することことわざはたくさんあります。

なかには笑ってしまうことわざもありますので、面白いものを紹介しましょう。

- **「犬が西向きゃ、尾は東」**　ごく当たり前のことだ、という意味。
- **「犬馬《けんば》の心」**　君主に忠誠心を持ち、恩に報いようとする心のこと。

◯**「喪家《そうか》の狗《いぬ》」** 喪中の家は悲しみで犬にエサをやるのを忘れているということから、やせ衰えて弱っている人や宿無しのこと。

◯**「犬が星を見る」** つまらない者が高望みをすること。

◯**「犬一代に狸《たぬき》一匹」** 犬が大きな獲物を捕るのは一生に1度くらい。チャンスはめったにないという意味。

◯**「暗がりの犬の糞《ふん》」** 暗がりで犬の糞を踏んでしまったことを黙っているように、他人が知らないのをいいことに、自分の失敗を隠すこと。

◯**「犬の糞に手裏剣《しゅりけん》」** つまらないものに良い物を浪費すること。

◯**「犬の糞で敵を討つ」** 卑劣な手を使って仕返しをすること。

こうやって見ると、昔、いかに町中に犬の糞があったかが伝わってきますね（笑）。

「凸凹」と「凹凸」の違いは？

漢字で「凹凸」。さて、何と読むでしょう？

「でこぼこ」と読んだあなた、よく見てください。「凹」が先に来ていますから「おうとつ」が正解です。「でこぼこ」は漢字では「凸凹」と書きます。

日本語には、「左右《さゆう》」と「右左《みぎひだり》」のように、ときどき、音読みと訓読みで漢字を反対にすることがあるのです。

「意味は同じなのに面倒だな」と思ったあなた。たしかに「凹凸《おうとつ》」も「凸凹《でこぼこ》」も同じ意味ですが、実は使い方に微妙な違いがあります。

まず、**凹凸は「表面に高低がある」場合のみに使いますが、凸凹は高さや数量が不ぞろいな場合にも使います。**「でこぼこコンビ」「収入が月によってでこぼこ」というような使い方ですね。

また、**凹凸は名詞のみですが、凸凹は、「でこぼこな道」「でこぼこになる」など、形容詞や副詞としても使える**のです。

日本語って奥が深いですね。

★「ケチな人」を漢字で書くと？

「あいつはケチ」というときの「ケチ」。漢字ではどう書くかご存じですか？「ケチな人」のことをムズカシイ言葉で「吝嗇家《りんしょくか》」といいますよね。また、古典落語などでは「吝《しわ》い屋《や》」などといいます。

普通、辞書には出てきませんが、「吝嗇」と書いても、「吝」の字のひと文字だけでも、無理やり「ケチ」と読むことも、ないことはないようです。

そもそも、この「ケチ」という言葉が誕生したのは平安時代だといいます。最初は、「お金にいやしい」という意味よりも「縁起でもない」とか「怪しい」などの意味のほうが強かったそうです。「話にケチがつく」とか「ケチな話」というような使い方のほうですね。で、漢字では、そのものズバリ、**「怪事」と書いた**のだとか。読み方は「けじ」。この言葉が訛って、「ケチ」になったのだそうです。

意味も、時代とともに少しずつ変化し、「怪しい事」という意味合いから、粋を重んじた江戸時代のころに「粗末」「貧弱」「いやしい」などの意味で使われるようになり、現在のように「お金にいやしい」という意味を持つようになったとのこと。

いわれてみれば、「ケチなヤツ」という言葉。「お金にいやしいヤツ」の他に「つまらないヤツ」という意味でも使われています。言葉の歴史を知ると納得です。

まあ、どっちの意味だとしても、人から「ケチなやつ」とは呼ばれたくないですネ。

ベランダ・バルコニー・テラスの違いは？

以前、本の原稿を書いているとき、ある場所のことを書こうとして、「んっ？　ここってベランダ？　それともバルコニー？」と思ったことがありました。普段は気にせず使っていますが、調べてみると、ちゃんと違いがあったのですね。

ベランダ

建物から張り出していて屋根がある場所。普通は2階以上にあるものをさす。

バルコニー

洋風建築の2階以上にある、建物から張り出した、手すりがついていて屋根がない場所。イタリア語で「ステージ」を意味するバルコンから。

さらにもう1つ、テラスという言葉もありますね。

テラス

主に建物の1階から庭などに突き出た屋根のない場所をさす。もとはフランス語。もちろん、ホテルの2階にある屋根付きの店の名が「ザ・テラス」だったりと、世の中には正しく使っていない例はいくらでもあります。間違っても、お店に行って「店名がおかしい」なんて言わないでくださいね。

湖・沼・池の違いは?

千葉県にある印旛沼《いんば》は、東京ディズニーランドの2倍以上の広さといいますから、かなりの大きさです。それなのに「湖」ではなく、「沼」なんですね。

いったい、湖と沼の違いとは何なのでしょう?

湖

一般に、池や沼よりも大きく、深水5メートル以上のもの。中央部は深いので、その底に藻などの沈水植物《ちんすい》（水生植物）が生育できない。

沼

一般に湖より小さく、水深が5メートル以下で、浅いため中央部までフサモやクロモなどの沈水植物が繁茂《はんも》している。泥土が多いため、透明度が低い。つまり、広さはあくまで目安で、重要なのは深さということです。沼がにごっているイメージなのもよくわかりました。ちなみにもう1つ。池とは？

池

地面にできたくぼみに水のたまったところ。人工的に作ったものが多い。なるほど、池は人工的でしたか。たしかに「ため池」とはいいますが、「ため湖」や「ため沼」とはいいませんね。納得です。

「挨拶言葉」の本来の意味

「挨拶《あいさつ》はコミュニケーションの基本」とよくいわれます。

そもそも、この「挨拶」とは、禅宗で問答を交わして相手の悟りの深浅《しんせん》を試みることを「一挨一拶《いちあいいっさつ》」といったのがルーツ。ここから、返答の言葉や、手紙の往復などを「挨拶」というようになり、現在の意味へと変化してきました。

普段、普通に交わす挨拶言葉には、それぞれ、次のような意味が略されています。

おはよう→お早く起きて、健康で何よりですね。

こんにちは→今日《こんにち》は、いい日で結構ですね。ご機嫌はいかがですか?

こんばんは→今晩《こんばん》は、1日を無事に終えて、良い夜をお迎えになり良かったですね。

こうしてみると、全部が相手の無事をたたえる言葉なのですね。

本来の意味を理解して言えば、おのずと心がこもった言い方になるのかもしれません。

主な参考文献は次の通りです（順不同）。

『ヒット商品笑っちゃう事典』モノマニア倶楽部編、『珍名・奇名のエピソード集 芸名・ペンネーム秘話』ルーツこだわり隊編、『嫌われない毒舌のすすめ』有吉弘行著、『戦国時代の余談のよだん。』和田竜著、『映画無用の雑学知識』シネマニア倶楽部、『ムーミン谷へようこそ』冨原眞弓著（以上、ＫＫベストセラーズ）／『有名人ウソのような本当の話』ユーモア人間倶楽部編、『日本人の9割が答えられない 日本人の大疑問１００』話題の達人倶楽部編、『翻訳者はウソをつく！』福光潤著（以上、青春出版社）／『ジェームズ・ボンド「本物の男」25の金言』田窪寿保著、『スポーツ語源クイズ55』田代靖尚著、『テレビアニメ魂』山崎敬之著（以上、講談社）／『世界史こぼれ話』1巻～6巻 三浦一郎著、『雑学おもしろ百科1巻～10巻』小松左京監修（以上、ＫＡＤＯＫＡＷＡ）／『いらっしゃいませ！ 雑学居酒屋「酒」と「つまみ」のおいしいウンチク』ハイパープレス著、『偉人たちの意外な「泣き言」』造事務所編著（以上、ＰＨＰ文庫）／『なぜ、成功者たちは「フシギな習慣」を持っているのか？』濱栄一著、『文系の人にとんでもなく役立つ！ 理系の知識』日本博識研究会著（以上、宝島社）／『ざんねんないきもの事典』今泉忠明監修（高橋書店）／『世界一受けたい授業 使える知識！ ＢＥＳＴ１００』（日本テレビ）／『クイズ発明・発見』

山本修一著（騎虎書房）／『クイズ作家が教える「マメちく」の本』日高大介著（飛鳥新社）／『コレって日本だけでした～!?』雑学活脳研究会著（サプライズBOOK）／『なぜジョブズは、黒いタートルネックしか着なかったのか？』ひすいこたろう＋滝本洋平著（株式会社A－Works）／『究極のビジネスマン　ゴルゴ13の仕事術』漆田公一＆デュ－ク東郷研究所著（祥伝社）／『世界の「人名」ルーツと語源のなるほど話』博学こだわり倶楽部編（河出書房新社）／『これ、いったいどうやったら売れるんですか？』永井孝尚著（SBクリエイティブ）／『他人を支配する黒すぎる心理術』マルコ社編（サンクチュアリ出版）／『日本語クイズ　似ている言葉どう違う？』日本語表現研究会著（二見書房）／『アシモフの雑学コレクション』アイザック・アシモフ著・星新一編訳（新潮社）／『はじまりコレクションI』チャールズ・パナティ著（フォー・ユー）／『やさしいワイン』辻真理子著、『5時から女子部』吉野由美子著（以上、電子書籍）

本書は、本文庫のために書き下ろされたものです。

伝説《でんせつ》のクイズ王《おう》も驚《おどろ》いた
予想《よそう》を超《こ》えてくる雑学《ざつがく》の本《ほん》

著者　西沢泰生（にしざわ・やすお）
発行者　押鐘太陽
発行所　株式会社三笠書房
〒102-0072 東京都千代田区飯田橋3-3-1
電話　03-5226-5734（営業部）03-5226-5731（編集部）
http://www.mikasashobo.co.jp
印刷　誠宏印刷
製本　ナショナル製本

ISBN978-4-8379-6833-7 C0130

＊落丁・乱丁本は当社営業部宛にお送りください。お取替えいたします。
＊定価・発行日はカバーに表示してあります。

王様文庫